Le petit livre des tartines et des sandwichs

Thierry Roussillon

Le petit livre des tartines et des sandwichs

First Editions

ISBN 2-87691-749-1
Dépôt légal : 1er trimestre 2003
Imprimé en Italie
Conception graphique : Pascale Desmazières

Nous nous efforçons de publier des ouvrages qui correspondent à vos attentes et votre satisfaction est pour nous une priorité. Alors, n'hésitez pas à nous faire part de vos commentaires à :

Éditions Générales First
33, avenue de la République
75011 Paris - France
Tél. : 01 40 21 46 46
Fax : 01 40 21 46 20
e-mail : firstinfo@efirst.com

En avant-première, nos prochaines parutions, des résumés de tous les ouvrages du catalogue. Dialoguez en toute liberté avec nos auteurs et nos éditeurs. Tout cela et bien plus sur Internet à : www.efirst.com

Introduction

Né en 1762, en Angleterre, le sandwich s'est imposé quasiment partout. Loin du traditionnel, mais toujours sympathique, jambon-beurre, il est devenu plus créatif que jamais en faisant la part belle aux pains du monde et aux produits les plus exotiques. Sucré ou salé, chaud ou froid, le sandwich séduit les ados, comme les gourmets, les pressés, comme les fans de la nutrition et du bien-manger.

Des origines aristocratiques

Longtemps considéré comme un plat populaire et, avouons-le, pas très distingué, notre bon vieux casse-croûte a pourtant des origines aristocratiques. Le sandwich tire son nom d'une vieille famille de la noblesse anglaise. Les historiens rapportent en effet que le quatrième comte de Sandwich, Sir John Montagu, tiraillé par la faim au cours d'une partie de cartes, aurait commandé à l'un de ses cuisiniers quelque chose à manger qui lui permette de continuer à jouer. Ce dernier lui prépara alors un en-cas composé de viande froide et de fromage disposés entre deux tranches de pain. Le sandwich était né.

Repas portatifs pour nomades alimentaires

Alors qu'il y a encore quelques années l'offre en matière de sandwichs restait peu abondante (le choix se résumant bien souvent entre un sandwich baguette accoudé au comptoir ou un hamburger au goût stéréotypé), un vent de renouveau souffle désormais sur l'univers des sandwichs. Il faut dire que nous avons pris goût au nomadisme alimentaire : en moyenne, c'est un repas sur cinq qui est pris à l'extérieur. Et la tendance est encore plus forte dans les grandes villes où la plupart des habitants ne rentrent pas chez eux pour déjeuner.

Le plein de saveur et de créativité

Idéal pour une vie trépidante, le sandwich moderne renouvelle la pause déjeuner, les pique-niques à la campagne ou les randonnées en montagne. Agréable à l'œil, graphique et coloré, il sait se faire créatif. Désormais, en effet, le sandwich célèbre les cuisines du monde. Les pains utilisés (baguettes, mie, naan, pita, hamburger, panini) savent rompre la routine, tout comme les garnitures, qui déclinent toutes les traditions culinaires, des terroirs de France aux cuisines d'ailleurs.

Jusqu'au bout du monde

Chauds ou froids, classiques ou plus créatifs, les sandwichs ont su se renouveler. À commencer par les types de pain utilisés. De la *très fashion* tartine de Poilâne au pain polaire scandinave, de la baguette parisienne au pain de mie anglais, en passant par le panini italien, la pita grecque, le naan indien, ou le bagel new-yorkais, tous se déclinent aujourd'hui en casse-croûte. Quant aux garnitures, elles ne sont pas en reste : poulet au curry, chutney, mozzarella, bacon, pastrami, cheddar, falafel…, elles invitent également à un voyage gustatif qui emporte parfois le consommateur jusqu'au bout du monde. Il est vrai que tout se glisse dans un sandwich. Côté salé, ils exaltent les viandes, les poissons, les légumes, les fromages et les épices. Côté sucré, ils font la part belle aux fruits, aux fruits secs, aux crèmes Chantilly ou pâtissière, ainsi qu'au miel, au chocolat ou au sirop d'érable.

Pratique et économique

Mieux encore, la préparation d'un sandwich est, sauf exception et notamment pour les sandwichs chauds, d'une facilité déconcertante : il suffit bien souvent de quelques minutes pour élaborer ce petit repas portatif et économique.

Un repas équilibré entre deux tranches de pain

Une autre raison pour succomber au charme du sandwich est d'ordre diététique. Bien préparé, un sandwich ne fait pas grossir. Le pain est quasiment dépourvu de lipides (1 % environ) : il suffit donc d'y aller mollo sur la mayonnaise ou le beurre (le mieux est encore de s'en passer en préférant une sauce au yaourt au basilic, une cuillerée de ketchup ou un doigt de moutarde) et d'associer pain complet, viande grillée et crudités pour obtenir un repas qui sera moins calorique qu'une salade baignant dans sa sauce. En effet, et malgré les idées reçues, un jambon beurre (391 kcal par sandwich) ou un Big Mac (511 kcal par sandwich), qui n'appartiennent pourtant pas à la catégorie des allégés, sont moins caloriques que 100 g de sauce vinaigrette à l'huile d'olive (659 kcal).

Les différents types de pain

Inutile de recenser tous les pains du monde : d'abord, parce qu'il y en a trop. Ensuite, parce que tous ne sont pas disponibles en France. Nous avons donc choisi de vous présenter quelques-uns des pains utilisés dans les recettes que nous vous proposons. Pas de panique, toutefois, si vous ne trouvez pas dans votre supermarché ou dans votre boulangerie, les pains mentionnés ci-dessous. En effet, vous pouvez toujours remplacer un muffin anglais par deux tranches de pain de mie, la ciabatta par de la baguette, ou un bagel, par un petit pain rond, acheté chez votre boulanger.

Ciabatta : ce pain italien, relativement plat et de forme rectangulaire, est originaire de la région d'Émilie-Romagne. Léger, il est vendu nature ou alors déjà garni d'olives, de noix ou de fromage). Vous pouvez l'utiliser pour réaliser deux sandwichs. En vente dans les supermarchés, ou chez Picard.

Ciabattina : ce mot désigne une petite ciabatta, de forme carrée, idéale pour une personne.

Panettone : cette grosse brioche un peu rustique, et garnie de raisins secs, est d'origine milanaise, où on la déguste au moment des fêtes de Noël. À réserver aux sandwichs et tartines sucrés. En vente dans les supermarchés ou les épiceries italiennes.

Pumpernickel : d'origine allemande, ce pain est généralement vendu sous vide et déjà tranché. Il est fabriqué à base de farine de seigle grossièrement écrasée, qui lui donne sa texture si particulière. En vente dans les supermarchés.

Naan : la pâte de ce pain d'origine indienne a la forme d'une grosse crêpe. Elle est élaborée à partir de farine et de yaourt, qui lui permet de fermenter. Sa légèreté et sa croûte tendre en font un pain unanimement apprécié. Disponible en supermarché.

Pita : la pita ou pitta est bien connue des amateurs de kebab. Présent sur les tables grecques, on le trouve également au Liban, et sur presque toutes les tables du Moyen-Orient. Élaborée à partir de farine blanche, sa consistance souple en fait un pain idéal pour les sandwichs. Disponible en supermarché.

Muffins anglais : il y a muffin et muffin. Aux États-Unis, les muffins désignent de petits gâteaux de type « cake » garnis de fruits. En Grande-Bretagne, en revanche, les muffins sont de petits pains blancs épais de quelques centimètres, destinés à être coupés en deux (les plus adroits y arrivent à mains nues et sans couteau), de façon à être garnis. C'est donc un pain idéal pour les sandwichs. Disponible en supermarché.

Pain hamburger : appelé « bun » par les Américain, ces petits pains blancs individuels furent spécialement conçus pour être garnis de viande hachée. Toutefois, il n'est pas interdit de varier les ingrédients, pour varier les plaisirs. En vente dans les supermarchés.

Crumpet : ces grands classiques de la boulangerie

anglaise furent créés au XVIIIe siècle. Leur apparence gaufrée et leur texture « élastique » en font des pains très intéressants à utiliser. Disponible en supermarché.

Bagel : originaire d'Europe centrale, ces pains ronds en forme d'anneaux furent introduits aux États-Unis par la communauté juive. Ils sont devenus l'un des symboles culinaires de New York où des restaurants leur sont entièrement consacrés. Garnis de graines de sésame, ou de pavot, parfumés à l'ail, à l'oignon ou nature, ces petits pains sont de délicieuses bases à un grand nombre de sandwichs. En vente dans certains supermarchés, ou chez Picard.

Pain polaire : élaboré à partir de pâte non levée, ce pain fut inventé au XIXe siècle dans un village de Laponie suédoise. Après avoir séduit le nord de l'Europe, il est arrivé en France il y a quelques années, avec un succès qui va grandissant. Il est disponible dans certaines épiceries, spécialisées dans les produits scandinaves, et dans les magasins Ikea.

CROC' MÉDITERRANÉE

•

L'ŒUF CORSE

4 sandwichs **FROID**

- 4 petits pains ronds
- 2 tomates
- 2 œufs durs
- 200 g de broccio frais (fromage corse)
- Huile d'olive
- Quelques feuilles de basilic ciselé
- Sel, poivre

Préparation • 10 minutes
À l'aide d'un couteau pointu, ouvrez vos petits pains. Retirez une partie de la mie et imbibez les pains d'huile d'olive. Concassez vos tomates et vos œufs durs. Dans un saladier, réunissez tomates, œufs, broccio frais et basilic ciselé. Salez et poivrez. Farcissez vos petits pains de ce mélange.
◆ Accompagnez ce sandwich d'un verre de rosé bien frais.

Conseil Vous pouvez remplacer le broccio par n'importe quel autre fromage frais, voire par une pâte industrielle de type Saint-Morêt.

L'AÏOLI

4 sandwichs **FROID**

- 8 tranches de pain de mie anglais
- 1/2 concombre
- 1 grosse tomate
- 1 jaune d'œuf
- 7 gousses d'ail
- 1 verre d'huile d'olive
- Gros sel
- Sel, poivre

Préparation • 20 minutes

Pelez votre concombre et coupez-le en rondelles très fines. Faites-les dégorger avec du gros sel. Réunissez les gousses d'ail dans un mortier et pilez-les jusqu'à obtenir la consistance d'une pommade. Versez l'ail réduit en pommade dans un bol. Ajoutez le jaune d'œuf et mélangez à l'aide d'un fouet. Tout en continuant de mélanger vigoureusement, incorporez l'huile d'olive petit à petit. À la fin de cette opération, votre aïoli devra avoir la consistance d'une mayonnaise. À ce moment-là, salez-le et poivrez-le. Essuyez vos rondelles de concombre dans du papier absorbant pour retirer l'excès de sel. Plongez votre tomate dans une casserole d'eau bouillante, pendant quelques secondes seulement. Rafraîchissez-la et pelez-la. Concassez la chair grossièrement. Faites alors toaster vos tranches de pain de mie. Étalez une couche

d'aïoli sur la moitié d'entre elles. Garnissez-les de rondelles de concombre et de chair de tomate. Refermez les sandwichs et dégustez.
◆ Accompagnez avec un verre de rosé des Baux de Provence bien frais.

Conseil Selon votre goût, vous pouvez faire varier le nombre de gousses d'ail utilisées : de 1/2 à 3 par personne.

LE PATTA NEGRA

4 sandwichs **FROID**

- 4 tranches de pain Poilâne
- 8 tranches de jambon Patta Negra coupées finement
- 1 gousse d'ail
- Huile d'olive

Préparation • 5 minutes
Faites toaster vos tranches de pain. Frottez-les d'ail et imbibez-les d'huile d'olive. Déposez sur chaque tranche votre jambon et dégustez.

Infoplus Le jambon Patta Negra tient son nom de la race de porcs aux pattes noires, à partir de laquelle il est produit. Vous pouvez le remplacer par un autre type de jambon cru.

LE PAN BAGNAT

4 sandwichs FROID

- 4 pains ronds individuels
- 1 gousse d'ail
- Un peu de vinaigre
- 15 cl d'huile d'olive
- Quelques feuilles de salade verte ou de mesclun
- 2 tomates
- 1 petite boîte de thon au naturel
- 1 douzaine d'anchois
- 1/2 concombre coupé en rondelles
- 1/2 poivron coupé en lanières
- 1/2 botte d'oignons frais émincés
- Quelques olives noires de Nice
- Basilic
- Sel, poivre

Le Pan Bagnat, qui signifie pain baigné ou mouillé, est un succulent casse-croûte qui réunit tous les ingrédients de la salade niçoise dans un pain de campagne rond dont les deux moitiés sont imbibées d'huile d'olive. Il peut aussi bien être préparé dans n'importe quel pain.

Préparation • 20 minutes

À l'aide d'un couteau pointu, pratiquez une ouverture dans chacun des pains, sans toutefois les ouvrir complètement. Retirez un peu de mie. Frottez l'intérieur avec la gousse d'ail. Imbibez d'un peu de vinaigre et de beaucoup d'huile d'olive : rappelez-vous que Pan Bagnat signifie pain mouillé. Salez et poivrez. Rassemblez dans un saladier le reste des ingrédients. Rectifiez l'assaisonnement. Et garnissez vos pains ronds de ce mélange.

◆ Dégustez frais avec un vin de Bellet blanc.

Conseil Si vous le souhaitez, vous pouvez glisser des rondelles d'œuf dur au cœur de vos sandwichs. Au printemps, les gourmets préconisent d'ajouter des fèvettes cuites *al dente.*

Infoplus Le vignoble de Bellet est intégralement situé sur la commune de Nice. On y produit des vins rouges, rosés et blancs issus de cépages assez répandus (chardonnay, cinsault, grenache) ou moins connus (comme le rolle, plant typiquement niçois, et cépage essentiel des vins blancs de l'appellation).

LE TOMATE-OLIVE

4 sandwichs **FROID**

- 4 ciabattinas (petits pains italiens)
- 2 tomates
- 1 poignée d'olives noires dénoyautées
- 2 c. à soupe de mayonnaise
- 1 gousse d'ail

Préparation • 10 minutes
Coupez vos petits pains en deux. Frottez les tranches obtenues avec la gousse d'ail. Coupez vos tomates en quartiers. Épépinez-les, puis découpez-les en petits dés. Concassez les olives noires. Dans un bol, mélangez les dés de tomate, les olives et la mayonnaise. Garnissez vos sandwichs de cette préparation.
◆ Dégustez avec un verre de chianti.

Infoplus Le contact de l'ail sur la peau laisse une odeur persistante que certaines personnes n'apprécient pas. Afin de supprimer cette odeur, frottez-vous les doigts sous un filet d'eau avec un objet en argent (un couteau ou une cuillère par exemple). L'odeur disparaîtra comme par enchantement.

LE FIGUE-TOMATE

4 sandwichs FROID

- 4 muffins anglais (petits pains ronds)
- 2 tomates
- 4 fines tranches de jambon cru
- 1 figue fraîche
- 2 petits fromages de chèvre frais
- Huile d'olive
- Fleur de Sel,
- poivre du moulin

Préparation • 10 minutes
Découpez les muffins en deux. Imbibez-les légèrement d'huile d'olive. Pelez les tomates après les avoir ébouillantées quelques secondes. Ouvrez-les en quartiers, épépinez-les et concassez-les. Écrasez les fromages frais à la fourchette. Hachez la figue à l'aide d'un robot ménager. Dans une assiette creuse, mélangez bien figue, tomate et fromage. Déposez entre deux tranches de muffins un peu de la préparation précédente. Salez et poivrez. Ajoutez les tranches de jambon cru. Refermez les sandwichs.

◆ Croquez dans ce sandwich en dégustant un verre de vin blanc liquoreux.

L'ATHÉNIEN

4 sandwichs **CHAUD**

- 4 pitas
- 200 g d'épaule de mouton désossée
- 1 citron
- 1/2 concombre
- 1 gousse d'ail
- 2 yaourts grecs
- 30 cl d'huile d'olive
- 1 c. à café de vinaigre
- 1 bouquet de menthe
- Sel, poivre

Préparation • 25 minutes
Marinade • 2 heures
Cuisson • 10 à 20 minutes

Dans un saladier, mettez l'épaule coupée en cubes, le jus du citron et la moitié de l'huile d'olive. Salez et poivrez. Laissez mariner 2 heures environ en remuant de temps en temps. Pendant ce temps, préparez le tzatziki : pelez le concombre. Coupez-le en deux dans le sens de la longueur, salez-le et faites-le dégorger 1 heure. Pelez et pressez l'ail. Déposez-le dans un saladier avec les yaourts, arrosez d'huile et de vinaigre, salez et mélangez. Lavez et ciselez la menthe. Râpez le concombre et déposez-le dans le saladier avec la menthe. Mélangez à nouveau. Égouttez alors les morceaux de viande. Enfilez-les sur des brochettes et faites-les cuire au barbecue, sous le gril du four ou sur un gril posé sur le gaz. Arrosez les brochettes de temps en temps avec la marinade. Comptez 10 à 20 minutes de cuisson, suivant le mode choisi. Lorsque la viande est cuite, retirez-la des piques. Découpez les morceaux s'ils vous semblent trop gros et garnissez chacune de vos pitas de viande et de tzatziki.

◆ Dégustez avec un verre de retsina.

LE GREC

4 sandwichs FROID

- 4 pitas
- 20 tomates cerise
- 100 g de feta
- 1/2 concombre
- Quelques petits oignons frais
- Jus de citron
- Huile d'olive
- Sel, poivre

Préparation • 10 minutes
Coupez les tomates cerise en 4. Émincez les oignons frais. Pelez le concombre. Découpez-le en deux dans le sens de la longueur et, tout en maintenant les moitiés côte à côte, découpez-le en demi-rondelles. Découpez la feta en cubes. Dans un saladier, rassemblez les tomates, les oignons, les demi-rondelles de concombre et la feta. Arrosez de jus de citron et d'huile d'olive. Salez et poivrez. Mélangez bien. Garnissez vos pitas de cette préparation.

◆ Dégustez avec un verre de retsina.

Infoplus Le retsina est un vin grec au goût de résine assez prononcé. Si vous avez le choix, préférez plutôt un retsina de Hania ou de Heraklion, plus doux que ceux produits sur le continent.

LE LIBANAIS

4 sandwichs **FROID**

- 4 pitas
- 150 g de pois chiches cuits en boîte
- 1 c. à soupe bien pleine de tahiné (pâte de sésame)
- 1 gousse d'ail
- 1/2 citron
- 2 tomates
- Quelques oignons frais
- 1/2 concombre
- Sel

Préparation • 20 minutes

Préparez le houmous : dans le bol du mixeur, rassemblez les pois chiches, le tahiné, l'ail et le jus du citron. Mixez jusqu'à obtenir une pâte onctueuse. Si cela est nécessaire, vous pouvez augmenter l'onctuosité en ajoutant un peu de jus de la boîte de pois chiches, ou un peu de jus de citron. Salez. Pelez le concombre et coupez-le en rondelles. Concassez les tomates et émincez les oignons. Garnissez chacune de vos pitas à l'aide de ces ingrédients et dégustez.

Infoplus Vous trouverez facilement du tahiné dans les épiceries orientales ou dans certaines boutiques bio.

Conseil Vous pouvez également préparer votre houmous à l'aide de pois chiches secs. Pour cela, faites tremper vos pois chiches dans de l'eau salée pendant une nuit. Puis faites-les cuire dans leur eau durant 1 heure 30 environ.

L'ESPAGNOL

4 sandwichs **FROID**

- 1 baguette
- 8 tranches de jambon Serrano finement coupées
- 12 fines tranches de manchego (fromage espagnol)
- Beurre salé

Préparation • 10 minutes
Découpez votre baguette en 4 morceaux. Ouvrez-les et beurrez-les. Glissez à l'intérieur jambon cru et fromage. ◆ Dégustez avec un verre de rioja.

Conseil Vous pouvez remplacer le Serrano par un autre type de jambon cru, et le manchego par du cantal.

Infoplus Située dans la vallée de l'Èbre, la région de la Rioja offre une situation privilégiée pour la culture de la vigne. Frais et vigoureux, ses vins sont dotés d'un bon assemblage aromatique, d'une composition équilibrée et d'un superbe bouquet.

LE CHAUD-CHORIZO

4 tartines CHAUD

- 4 tranches de pain de campagne à la mie bien ferme
- 1 chorizo
- 8 tranches assez fines d'ossau-iraty
- Poivre du moulin

Préparation • 5 minutes
Cuisson • 5 à 10 minutes
Préchauffez le four à 210 °C (th. 7). Découpez votre chorizo en très fines tranches. Faites-les suer quelques minutes dans une poêle à revêtement antiadhésif bien chaude. Égouttez-les sur du papier absorbant avant de les disposer sur vos tranches de pain. Recouvrez-les des tranches de fromage et donnez un tour de moulin à poivre. Déposez vos tartines sur la plaque du four recouverte de papier sulfurisé et enfournez 5 à 10 minutes le temps que le fromage fonde.

◆ Dégustez avec un verre de vin rouge puissant de type rioja.

LE CATALAN

4 sandwichs **FROID**

- 4 tranches de pain de campagne à la mie compacte
- 1 gousse d'ail
- 2 ou 3 tomates
- 1 boîte de sardines à l'huile d'olive
- Sel, poivre

Préparation • 10 minutes
Faites toaster vos tranches de pain. Ébouillantez vos tomates quelques secondes, pelez-les, coupez-les en quartiers et épépinez-les. À l'aide d'un couteau, réduisez la chair de vos tomates en une purée assez grossière. Ouvrez la boîte de sardines, égouttez-les et réservez l'huile d'olive. Écrasez grossièrement vos sardines à la fourchette. Frottez vos tranches de pain avec la gousse d'ail. Imbibez-les d'huile d'olive et tartinez-les de pulpe de tomate. Ajoutez la purée de sardine. Salez et poivrez.

◆ Dégustez avec un verre de rosé bien frais.

L'ŒUF-TAPENADE

Préparation • 5 minutes
Cuisson • 10 minutes

4 tartines CHAUD

- 4 tranches de pain de campagne à la mie compacte
- 6 œufs
- 1 petit pot de tapenade
- Quelques feuilles de basilic
- 1 noix de beurre
- 1 gousse d'ail
- Huile d'olive
- Sel, poivre

Préparez les œufs brouillés : battez les œufs au fouet avec du sel et du poivre. Ajoutez-y la tapenade. Faites cuire le tout dans une poêle, avec le beurre, sur feu doux, pendant 5 à 10 minutes environ, en ayant soin de remuer de temps en temps. Ajoutez les feuilles de basilic ciselées en cours de cuisson. Faites toaster les tranches de pain, aillez-les et imbibez-les d'huile d'olive. Recouvrez-les des œufs brouillés à la tapenade.

◆ Dégustez chaud, avec un verre de rosé du Languedoc.

LA NIÇOISE

4 tartines CHAUD

- 4 tranches de pain Poilâne
- 8 gros oignons
- 12 anchois au sel
- 1 pincée de sucre en poudre
- 50 g de petites olives de Nice
- Huile d'olive
- Poivre du moulin

Préparation • 15 minutes
Cuisson • 45 minutes
Temps d'attente • 6 heures

Quelques heures avant de préparer vos tartines, faites tremper vos anchois dans de l'eau fraîche. Épluchez les oignons et émincez-les. Dans une poêle ou une petite cocotte, faites chauffer de l'huile d'olive. Jetez-y les oignons et faites-les revenir à feu doux, en remuant avec une cuillère en bois. Au cours de la cuisson, jetez-y une pincée de sucre et laissez doucement compoter. Préchauffez alors le four à 210 °C (th. 7). Essuyez les filets d'anchois. Disposez sur chacune des tranches de pain une couche de compotée d'oignons. Ajoutez les filets d'anchois et quelques olives. Poivrez largement. Déposez vos tartines sur la plaque du four recouverte de papier sulfurisé et enfournez pendant 20 à 30 minutes. Servez chaud dès la sortie du four.

◆ Dégustez avec un verre de rosé de Provence.

LE FLEUR DE COURGETTE

Préparation • 5 minutes
Cuisson • 5 à 10 minutes

4 sandwichs CHAUD

- 4 petits pains italiens (ciabattina)
- 6 œufs
- 8 fleurs de courgette mâles
- 1 filet d'huile d'olive
- Quelques feuilles de basilic
- Sel, poivre

Cassez les œufs et battez-les à la fourchette. Salez et poivrez. Faites chauffer l'huile d'olive dans une poêle à revêtement antiadhésif. Ciselez le basilic. Retirez le pistil des fleurs de courgette et nettoyez-les avec un linge humide si nécessaire. Ciselez-les. Versez les œufs battus dans la poêle posée sur feu vif. Ajoutez le basilic et les fleurs en fin de cuisson. Faites cuire l'omelette jusqu'à la consistance souhaitée, même s'il vaut mieux qu'elle reste baveuse, vos sandwichs n'en seront que meilleurs. Pendant ce temps, ouvrez vos petits pains en deux et faites-les toaster. Garnissez vos sandwichs d'omelette.

◆ Dégustez chaud avec un verre de vin blanc sec.

LE PROVENÇAL

4 sandwichs CHAUD

- 1 baguette
- 2 blancs de poulet
- 1/2 poivron rouge
- Quelques petits oignons frais
- Quelques feuilles de mesclun
- 1 tomate
- 1 yaourt
- Huile d'olive
- Herbes de Provence
- Sel, poivre

Préparation • 10 minutes
Cuisson • 10 minutes

Découpez en lanières vos blancs de poulet. Dans une poêle à revêtement antiadhésif, faites-les revenir sans matière grasse jusqu'à obtenir une jolie couleur dorée. Pendant ce temps, égrainez le poivron et découpez-le en lanières. Émincez les oignons frais et concassez la tomate. Réunissez tous ces ingrédients dans un saladier. Ajoutez le mesclun, le yaourt et parsemez d'herbes de Provence. Ajoutez un filet d'huile d'olive. Salez et poivrez selon votre goût. Laissez refroidir les blancs de poulet cuits avant de les intégrer aux autres ingrédients. Découpez votre baguette en 4 morceaux. Garnissez vos sandwichs de la préparation au poulet.

◆ Dégustez avec un verre de rosé de Provence.

LE HOT DOG COMME LÀ-BAS

4 sandwichs CHAUD

- 4 petits pains à hot dog
- 4 merguez
- 1 gros oignon
- 1 c. à café de harissa
- 1 filet d'huile d'olive
- Sel

Préparation • 5 minutes
Cuisson • 10 minutes
Préchauffez le four à 240 °C (th. 8). Lorsqu'il est chaud, glissez-y vos petits pains et éteignez-le. Salez vos merguez. Dans une poêle à revêtement antiadhésif, faites chauffer l'huile d'olive. Pelez l'oignon et émincez-le. Faites-le revenir dans la poêle avec l'harissa. À coloration, videz l'excès de graisse et ajoutez les merguez. Comptez encore cinq bonnes minutes de cuisson. Videz de nouveau l'excès de graisse et garnissez vos petits pains d'une merguez et d'un peu d'oignon.

◆ Dégustez chaud avec un verre de mascara rouge.

Infoplus Le mascara est un vin d'Algérie. Quand ce pays était encore un département français, 360 000 hectares de vignes y étaient cultivés pour 16 millions d'hectolitres. Si désormais la surface des terres consacrées à la viticulture a été divisée par quatre, l'Algérie (de culture musulmane, rappelons-le) continue cependant à produire du vin. Un vin qui a vu sa qualité s'améliorer depuis l'époque où l'on se contentait de faire « pisser » la vigne. Les vins rouges et rosés produits sur les coteaux de Mascara (c'est aussi le nom d'une ville) sont considérés comme étant les meilleurs d'Algérie.

CROC' MARINS

•

LE CRABE ACIDULÉ

4 sandwichs	FROID
• 1 baguette • 1 boîte de miettes de crabe • 1 pamplemousse rose • 2 c. à café de mayonnaise • Quelques feuilles de menthe	

Préparation • 10 minutes
Pelez à vif le pamplemousse : épluchez-le, découpez-le en quartiers et retirez les petites peaux et les pépins. Mélangez les miettes de crabe et la menthe ciselée à la mayonnaise. Découpez votre baguette en 4 morceaux. Ouvrez-les et garnissez-les de la préparation au crabe et des quartiers de pamplemousse.

◆ Dégustez avec un verre de vin blanc liquoreux bien frais.

LE BRETON

4 tartines **FROID**

- 4 tranches de pain Poilâne
- 4 à 8 sardines fraîches suivant leur grosseur
- Fleur de sel de Guérande
- Beurre salé
- Poivre

Préparation • 15 minutes

Retirez la tête des sardines et videz-les. Cela se fait en général en un seul geste et c'est plus facile que ça en a l'air. Si vous n'osez pas : demandez à votre poissonnier de le faire pour vous. Ensuite, pelez-les en passant un couteau pointu entre la peau et la chair. Retirez la queue et détachez les filets. Nettoyez-les bien. Essuyez-les dans du papier absorbant et assaisonnez-les de fleurs de sel. Tartinez de beurre salé vos tranches de pain de campagne. Disposez vos sardines par-dessus et donnez un tour de moulin à poivre.

◆ Dégustez avec un verre de muscadet.

L'AVOCAT-CREVETTES

4 tartines **FROID**

- 4 tranches de pain de campagne
- 80 g de beurre
- 1 poignée de crevettes roses cuites et décortiquées
- 1 avocat
- Jus de citron
- Sel, poivre

Préparation • 10 minutes
Coupez l'avocat en deux. Retirez le noyau, la chair et émincez-la. Disposez-la sur une assiette creuse et arrosez-la de jus de citron. Réunissez dans le bol du mixeur le beurre et les crevettes. Salez, poivrez et mixez. Sur chacune de vos tranches de pain, tartinez une couche de beurre de crevettes et disposez des tranches d'avocat.

◆ Dégustez avec un verre de sancerre blanc.

LE FUMÉ

4 sandwichs FROID

- 1 baguette
- 8 tranches de truite fumée
- Quelques feuilles de mâche
- Beurre salé
- Poivre

Préparation • 5 minutes
Découpez votre baguette en 4 morceaux. Ouvrez-les et tartinez-les de beurre salé. Déposez vos tranches de truite et vos feuilles de mâche. Poivrez et refermez vos sandwichs ◆Dégustez avec un verre de gros plant nantais.

LE SCANDINAVE

4 tartines FROID

- 4 tranches de pain polaire
- 8 tranches de saumon fumé
- 2 c. à soupe de crème fraîche épaisse
- 1 c. à café d'aneth séché
- Sel, poivre

Préparation • 5 minutes
Mélangez la crème fraîche à l'aneth. Salez et poivrez. Pliez vos tranches de pain polaire en deux et séparez-les. Sur chaque tranche, déposez une couche de crème à l'aneth, puis deux tranches de saumon. Refermez le sandwich. Procédez de la même manière pour le reste des sandwichs.

LE HOLLANDAIS

Préparation • 5 minutes
Réunissez tous les ingrédients dans le bol du robot et mixez jusqu'à obtenir une pâte homogène. Étalez cette pâte sur chaque tranche de pain, ajoutez des tranches de concombre, des moitiés de tomates cerise ou des feuilles de salade.

◆ Repliez vos sandwichs et dégustez avec une bonne bière hollandaise.

4 tartines **FROID**

- 4 tranches de pain polaire
- 1 c. à soupe de crème
- 4 portions de fromage fondu (type Kiri)
- 4 filets de hareng fumés ou marinés
- 1 c. à café de bouillon en poudre (bœuf, volaille, légume, ce que vous préférez)

Garniture :

- quelques tranches de concombre, tomates cerise, feuilles de salade

LE RIVIERA

4 sandwichs FROID

- 1 baguette
- 1 jaune d'œuf
- 1/2 citron
- Huile de tournesol
- 2 tomates
- 1 boîte de thon
- Quelques rondelles de concombre
- Quelques feuilles de basilic
- Sel, poivre

Préparation • 10 minutes

Préparez la mayonnaise : dans un bol, rassemblez le jaune d'œuf, le jus du citron, salez, poivrez. Mélangez à l'aide d'un fouet. Ajoutez l'huile en filet sans cesser de fouetter. Si cela vous fatigue, utilisez un fouet électrique pour monter la mayonnaise plus facilement. Cessez le travail lorsque vous obtenez la quantité voulue (l'équivalent de 2 cuillerées à soupe légèrement bombées). Égouttez le thon et mélangez-le à la mayonnaise. Ajoutez les feuilles de basilic ciselées. Rectifiez l'assaisonnement. Découpez la baguette en 4. Ouvrez chacun de vos morceaux. Nappez-en la moitié de préparation au thon. Garnissez-les de rondelles de tomate et de concombre.

◆ Refermez vos sandwichs et dégustez avec un verre de vin blanc sec.

Conseil Si vous êtes pressé, achetez votre mayonnaise au supermarché.

L'ORIGAN-SARDINE

Préparation • 10 minutes

4 tartines **FROID**

- 4 tranches de pain Poilâne
- 1 grosse boîte de sardines à l'huile
- 12 petits oignons au vinaigre
- Origan séché
- Sel, poivre

Égouttez les petits oignons. Hachez-les sommairement au hachoir électrique. Égouttez les sardines. Retirez les arêtes et écrasez-les à la fourchette. Mélangez alors les sardines, les oignons hachés et saupoudrez d'origan. Rectifiez l'assaisonnement. Faites toaster vos tranches de pain et garnissez-les de la préparation précédente.

◆Dégustez avec un verre de vin rosé.

L'OCÉANE

4 tartines CHAUD

- 4 tranches de pain Poilâne
- 4 ou 8 tranches de bacon (suivant leur taille)
- 12 noix de Saint-Jacques
- 1 poignée de pignons de pin
- Beurre salé

Préparation • 5 minutes
Cuisson • 15 minutes

Dans une poêle à revêtement antiadhésif, faites revenir le bacon. Pendant ce temps, émincez-les noix de Saint-Jacques en deux dans l'épaisseur. Retirez le bacon et faites revenir dans la même poêle les noix de Saint-Jacques à leur tour, et sur leurs deux faces. Dans une autre poêle, faites griller à sec les pignons de pin. Sur chaque tranche de pain, étalez une couche de beurre, disposez les tranches de bacon, les noix de Saint-Jacques et les pignons. Passez-les quelques minutes dans un four chaud avant de servir.

◆ Dégustez avec un verre de retsina.

LE MOULES-CURRY

Préparation • 30 minutes
Cuisson • 5 minutes

4 tartines **FROID**

- 4 tranches de pain de campagne
- 2 douzaines de moules
- 1/2 pomme granny smith
- 2 c. à café de curry en poudre
- 2 c. à soupe de beurre salé mou
- Sel

Grattez les moules au couteau, débarrassez-les de leur byssus (c'est le lien qui leur permet de se fixer aux rochers ou aux bouchots), lavez-les à grande eau sans les laisser tremper. Posez-les dans une casserole couverte, sur feu vif et laissez-les s'ouvrir. Comptez 5 minutes de cuisson environ.
Décoquillez-les. Concassez-les au couteau. Pelez la demi-pomme, retirez le trognon et coupez-la en petits cubes. Dans un cul-de-poule et à la main, mélangez les moules, la pomme et le curry en poudre avec le beurre. Salez. Faites toaster vos tranches de pain avant de les tartiner avec le beurre de moules.

◆ Dégustez avec une bolée de cidre brut fermier.

LE ROUGET

4 sandwichs CHAUD

- ? baguette
- 8 filets de rougets
- 2 grosses tomates
- Huile d'olive
- 1 branche de thym
- 1 feuille de laurier
- Quelques feuilles de basilic
- Baies roses
- Sel, poivre

Préparation • 10 minutes
Cuisson • 30 minutes

Ébouillantez les tomates pendant quelques secondes. Pelez-les, coupez-les en quartiers et épépinez-les. Concassez-les grossièrement. Versez de l'huile d'olive dans une poêle et faites revenir les tomates avec du thym frais, du basilic ciselé et une feuille de laurier. Salez et poivrez. Comptez 20 minutes de cuisson à feu doux en remuant de temps en temps. Pendant ce temps, déposez vos filets de rougets dans une assiette. Salez-les et poivrez-les, puis faites-les cuire dans une autre poêle et dans l'huile d'olive chaude. Préchauffez le four à 210 °C (th. 7). Découpez votre baguette en 4 tartines. Sur chacune d'entre elles, déposez la purée de tomate et deux filets de poisson. Saupoudrez de quelques baies roses. Enfournez 10 minutes et servez.

◆ Dégustez avec un verre de rosé de Provence.

L'AMÉRICAIN

4 sandwichs CHAUD

- 4 pains hamburger
- 4 larges tranches de poisson pané (ou 8 petites)
- 2 tomates
- 4 fines tranches de cheddar
- 1 oignon
- Quelques feuilles de salade verte
- Mayonnaise
- Huile
- Sel, poivre

Préparation • 10 minutes
Cuisson • 20 minutes

Glissez vos pains hamburger dans un four à 100 °C (th. 3-4). Ébouillantez vos tomates quelques secondes. Pelez-les, coupez-les en quartiers, épépinez-les et concassez-les. Épluchez l'oignon et émincez-le. Dans une poêle et dans un peu d'huile, faites revenir l'oignon à feu moyen. Au bout de 10 minutes, ajoutez les tomates. Salez et poivrez. Pendant ce temps, faites cuire dans une autre poêle huilée vos poissons panés. Quand les deux faces sont bien dorées, videz le surplus d'huile, arrêtez le feu et déposez sur vos poissons une tranche de cheddar. Recouvrez la poêle avec un couvercle, de façon à conserver la chaleur afin que le fromage commence à fondre. Garnissez alors vos pains hamburger de mayonnaise, d'une ou deux feuilles de salade verte, de concassée de tomate et d'oignon, et de poisson au fromage.

◆ Dégustez chaud avec un verre de chardonnay de Californie ou d'ailleurs.

LE FISH KEBAB

4 sandwichs CHAUD

- 4 pains pita
- 400 g de filets de poisson (du cabillaud par exemple)
- 2 c. à soupe d'huile d'olive
- 3 oignons
- 1 citron
- 1 c. à soupe rase de cumin moulu
- 1/2 poivron vert
- 12 tomates cerise
- 2 yaourts grecs
- Quelques feuilles de menthe
- Sel, poivre

Préparation • 10 minutes
Cuisson • 15 minutes
Marinade • 1 heure

Une heure avant la préparation, découpez le poisson en cubes. Émincez finement l'un des oignons et coupez les autres en 6 morceaux. Dans un saladier, rassemblez le poisson, l'huile, le jus du citron, l'oignon émincé et les quartiers d'oignon, le cumin, le poivron coupé en lanières. Salez, poivrez. Mélangez doucement et réservez au frais, couvert d'un film alimentaire. Préparez votre barbecue (si c'est le mode de cuisson choisi). Enfilez sur des piques en bois des morceaux de poisson, d'oignon, de poivron et des tomates cerise. Faites cuire vos brochettes sur le barbecue, sous le gril du four, ou dans une poêle-gril allant sur le gaz. Préparez la sauce en mélangeant les yaourts et la menthe ciselée. Salez et poivrez. Faites chauffer vos pains pita dans un four chaud (ou au micro-ondes) : attention à ne pas les laisser trop longtemps, car ils doivent rester souples. Retirez de la pique en bois les morceaux de poisson, d'oignons, les lanières de poivron et les tomates cerise. Garnissez chacun de vos pains de sauce au yaourt et du reste des ingrédients.

◆ Roulez les sandwichs et dégustez chaud avec un verre de vin blanc sec.

LA SAUMON-BASILIC

4 tartines **FROID**

- 4 tranches de pumpernickel (pain noir allemand)
- 2 gros pavés de saumon frais
- 4 c. à soupe de fromage blanc
- 1 filet de jus de citron
- Quelques feuilles de basilic
- Sel, poivre

Préparation • 5 minutes
Cuisson • 10 minutes

Faites cuire vos pavés de saumon dans de l'eau bouillante salée, pendant une dizaine de minutes. Retirez-les, enlevez la peau et les arêtes et écrasez-les à la fourchette. Mélangez votre saumon au fromage blanc. Ajoutez un filet de jus de citron, du sel, du poivre et les feuilles de basilic ciselées. Mélangez encore. Tartinez de ce mélange vos tranches de pain, préalablement toastées.

◆ Dégustez avec un verre de rosé.

CROC' À L'ANGLAISE

•

LE COTTAGE-CHEESE

4 sandwichs	FROID
• 8 tranches de pain de mie • 150 g de cottage cheese • 1 poignée de cerneaux de noix • 1 branche de céleri • Sel, poivre	

Préparation • 10 minutes
Concassez les cerneaux de noix. Émincez la branche de céleri. Dans une assiette creuse, rassemblez le cottage cheese, les cerneaux de noix et le céleri. Mélangez le tout à la fourchette. Salez et poivrez. Garnissez vos sandwichs de cette préparation.

◆ Dégustez avec un verre de sherry.

LE GIGOT - MINT SAUCE

4 sandwichs **FROID**

- 8 tranches de pain de mie complet
- 4 ou 8 fines tranches de gigot froid
- 1/2 concombre
- 1 bouquet de menthe
- 3 c. à soupe de sucre roux
- 30 cl de vinaigre blanc
- Sel, poivre

Préparation • 5 minutes
Cuisson • 10 minutes
Marinade • 2 heures

Préparez la Mint Sauce : ciselez les feuilles de menthe et déposez-les dans un bol en Pyrex. Dans une casserole, rassemblez 5 cl d'eau et le sucre. Faites chauffer jusqu'à complète dissolution, sans bouillir. Versez l'eau sucrée sur la menthe et mélangez bien. Arrosez alors de vinaigre, couvrez et laissez mariner 2 heures à température ambiante afin que l'arôme se développe pleinement. Garnissez la moitié de vos tranches de pain de sauce à la menthe, ajoutez le gigot et les rondelles de concombre, salez et poivrez.

◆ Refermez les sandwichs et dégustez.

LE BLT EN MUFFINS

Préparation • 10 minutes
Cuisson • 5 minutes

4 sandwichs FROID

- 4 muffins anglais
- 4 tranches de bacon
- 1 tomate
- 4 feuilles de laitue
- 4 tranches de cheddar
- 2 c. à soupe de mayonnaise
- Poivre

Ouvrez vos muffins et faites-les griller. Pendant ce temps, dans une poêle à revêtement antiadhésif, donnez un léger coup de chaud à vos tranches de bacon. Découpez la tomate en tranches. Garnissez vos muffins de mayonnaise, de feuilles de laitue, de tranches de tomate, de bacon et de cheddar. Donnez un tour de moulin à poivre.

◆ Dégustez avec un verre de vin rouge léger.

LE SANDWICH AU CONCOMBRE

4 sandwichs **FROID**

- 8 tranches de pain de mie bien moelleux
- 1/2 concombre non traité
- 1 c. à soupe d'huile d'olive
- 1 c. à soupe de jus de citron
- 1 pincée de sucre
- Gros sel, poivre blanc

Préparation • 10 minutes
Repos • 1 heure

Lavez le concombre. Coupez-le en tranches très fines (aidez-vous d'une mandoline par exemple). Déposez-les sur du papier absorbant et saupoudrez-les de gros sel pour les faire dégorger 1 heure environ. Essuyez les tranches de concombre. Dans un bol, mélangez l'huile, le citron, le sucre et le poivre. Arrosez-en les tranches de concombre. Laissez-les s'en imbiber légèrement. Garnissez alors la moitié de vos tranches de pain de ce mélange et refermez les sandwichs. ◆ Dégustez avec une tasse de thé noir, bien fort.

LE BACON-NOISETTES

4 sandwichs **FROID**

- 4 muffins anglais
- 4 larges tranches de bacon
- 4 c. à soupe de noisettes concassées
- 2 c. à soupe de mayonnaise
- 1 tomate

Préparation • 10 minutes
Cuisson • 5 minutes

Dans une poêle à revêtement antiadhésif, faites griller vos tranches de bacon. Essuyez-les dans du papier absorbant pour retirer la graisse et hachez-les grossièrement au couteau ou à l'aide d'un appareil électrique. Ouvrez vos muffins et faites-les toaster. Coupez la tomate en tranches fines. Mélangez la mayonnaise, le bacon et les noisettes concassées et garnissez vos sandwichs de cette préparation et de tranches de tomate.

◆ Dégustez avec un verre de vin rouge léger.

LE CRÈME DE VOLAILLE

4 sandwichs FROID

- 8 tranches de pain de mie complet
- 4 tranches de bacon
- 4 foies de volaille
- 2 c. à soupe de crème fraîche épaisse
- Quelques tranches de concombre
- Quelques tranches de tomate
- Sel, poivre

Préparation • 10 minutes
Cuisson • 15 minutes

Dans une poêle à revêtement antiadhésif, faites revenir les tranches de bacon. Retirez-les de la poêle et remplacez-les par les foies de volaille. Faites-les cuire de tous les côtés. Dans le bol du mixeur, rassemblez les foies cuits, le bacon et faites turbiner. Ajoutez la crème fraîche et mélangez bien. Rectifiez l'assaisonnement. Garnissez la moitié de vos tranches de pain de cette préparation, ajoutez les tranches de concombre et de tomate et refermez les sandwichs.

◆ Dégustez illico avec un verre de porto vintage.

LE PICKLES

4 sandwichs **FROID**

- 8 tranches de pain de mie complet
- 4 fines tranches de rôti de porc froid
- Quelques pickles
- 2 c. à soupe de ketchup
- 4 feuilles de laitue

Préparation • 10 minutes
Faites toaster vos tranches de pain. Émincez les feuilles de laitue et mélangez-le au ketchup. Tartinez la moitié de vos tranches de pain de préparation au ketchup, ajoutez les tranches de porc et les pickles.

◆ Refermez les sandwichs et dégustez.

Infoplus Les pickles sont des légumes au vinaigre utilisés comme condiment et très courants dans la cuisine anglo-saxonne. Ils peuvent être remplacés dans cette recette par des cornichons ou des petits oignons.

LE CRESSON

4 sandwichs FROID

- 8 tranches de pain de mie
- 2 œufs
- 1/4 de botte de cresson
- 2 c. à soupe de mayonnaise

Préparation • 10 minutes
Cuisson • 10 minutes

Dans une casserole d'eau bouillante, faites durcir les œufs. Lavez les feuilles de cresson. Égouttez-les et ciselez-les finement. Écalez les œufs et écrasez-les à la fourchette. Mélangez ensemble les œufs, le cresson et la mayonnaise. Garnissez vos sandwichs de cette préparation.

◆ Dégustez avec un verre de vin rouge léger.

LE TOMATO-CHEESE

4 sandwichs FROID

- 4 muffins anglais
- 2 tomates
- 150 g de cottage cheese
- Quelques gouttes de Tabasco
- Basilic ciselé
- Sel

Préparation • 10 minutes

Ébouillantez les tomates quelques minutes avant de les peler. Coupez-les en quartiers et épépinez-les. Concassez-les grossièrement. Mélangez le fromage, les tomates, le

basilic et le Tabasco. Salez selon votre goût et garnissez vos sandwichs de ce mélange.
◆ Dégustez avec un verre de rosé bien frais.

LE CROQUE SAUSSAGES

4 sandwichs CHAUD

- 8 tranches de pain de mie
- 4 petites saucisses pour breakfast
- 1 tomate
- 100 g de stilton
- Moutarde anglaise

Préparation • 5 minutes
Cuisson • 15 minutes
Préchauffez le gril du four. Dans une poêle à revêtement antiadhésif, faites cuire les saucisses. Tartinez la moitié des tranches de pain de moutarde anglaise, puis de stilton. Passez les toasts sous le gril jusqu'à ce que le fromage fonde. Ajoutez alors des rondelles de tomate et les saucisses grillées et coupées en deux dans le sens de la longueur. Refermez les sandwichs et dégustez chaud.
◆ Accompagnez-les d'un verre de vin rouge léger.

LE WELSH RAREBIT

4 tartines CHAUD

- 4 tranches de pain de mie
- 250 g de cheddar
- 25 cl de bière blonde
- 1 c. à soupe de moutarde anglaise
- Poivre

Préparation • 10 minutes
Cuisson • 10 minutes

Découpez le fromage en lamelles. Dans une casserole à revêtement antiadhésif, réunissez le cheddar, la bière et la moutarde. Faites chauffer sur feu doux en remuant régulièrement, jusqu'à ce que le fromage soit fondu, et la préparation lisse et homogène. Pendant ce temps, faites toaster vos tranches de pain. Préchauffez le gril du four. Sur la plaque du four recouverte de papier sulfurisé, déposez les tranches de pain, garnissez-les de préparation au fromage et faites gratiner sous le gril du four. Poivrez.

◆ Dégustez chaud avec une salade verte et un verre de bière.

LE PORTO

4 tartines	CHAUD
• 4 tranches de pain de campagne • 200 g de stilton • 10 cl de porto • 1 poignée de raisins secs • 1 poignée de noisettes concassées	

Préparation • 10 minutes
Cuisson • 10 minutes

Préchauffez le four à 260 °C (th. 8-9). Dans une assiette creuse, écrasez à la fourchette, le stilton, ajoutez le porto et mélangez bien. Incorporez ensuite les raisins secs et les noisettes concassées. Tartinez vos tranches de pain de ce mélange et passez-les au four 10 minutes environ.

◆ Servez chaud avec un verre de porto.

LE SCRAMBLED EGG

4 sandwichs CHAUD

- 4 muffins anglais
- 4 œufs
- 2 tranches de jambon d'York
- 30 g de beurre (+ 1 noix pour la poêle)
- 1 c. à café de moutarde anglaise
- Quelques tranches fines de tomate
- Sel, poivre

Préparation • 5 minutes
Cuisson • 10 minutes

Cassez les œufs dans une jatte. Salez, poivrez et battez-les en omelette. Coupez finement les tranches de jambon. Mélangez-les aux œufs. Faites fondre une noix de beurre dans une poêle à revêtement antiadhésif. Versez la préparation aux œufs et faites cuire en prenant soin de remuer de temps en temps. Dans un bol, mélangez le beurre et la moutarde jusqu'à obtenir une préparation homogène. Ouvrez vos muffins en deux. Faites-les toaster et tartinez-les de beurre à la moutarde. Garnissez vos sandwichs avec les œufs brouillés et ajoutez les tranches de tomate.

◆ Dégustez avec un verre de vin rouge léger.

Conseil Vous pouvez remplacer le jambon d'York, par un autre jambon du même type.

LE BAKED BEAN (VERSION LONGUE)

Préparation • 5 minutes
Cuisson • 1 heure
Trempage • 1 nuit

4 sandwichs CHAUD

- 4 crumpets
- 75 g de haricots blancs
- 1 c. à soupe d'huile d'olive
- 3 tomates
- 1 oignon
- 1 gousse d'ail
- 1 pincée de sucre
- Sel, poivre

La veille : faites tremper vos haricots dans un récipient rempli d'eau. Le jour même : faites cuire vos haricots dans 2,5 fois leur volume d'eau salée. Comptez une bonne heure de cuisson. Ébouillantez les tomates quelques secondes. Pelez-les et concassez-les. Dans une poêle et dans l'huile d'olive, faites revenir l'oignon émincé et la gousse d'ail hachée. Ajoutez ensuite les tomates, le sucre, salez, poivrez et faites cuire sur feu doux une vingtaine de minutes. Lorsque les haricots sont cuits, ajoutez-les à la préparation aux tomates. Prolongez la cuisson quelques minutes encore. Faites toaster vos crumpets et garnissez-les de haricots à la tomate.

◆Dégustez chaud au moment du petit-déjeuner avec une tasse de thé anglais.

Conseil Pour la « version courte » : Les *"baked*

beans on toast" sont un classique des petits-déjeuners anglais. La façon la plus simple de les préparer est encore de faire réchauffer une boîte de haricots blancs à la tomate (en vente dans les épiceries anglaises) et de les étaler sur des tranches de pain préalablement toastées.

L'ŒUF AU BACON

4 tartines CHAUD

- 4 tranches de pain de mie
- 4 tranches de bacon
- 4 œufs
- Beurre
- Sel, poivre

Préparation • 5 minutes
Cuisson • 10 minutes

Dans 4 petites poêles individuelles, faites fondre du beurre. Faites-y revenir les tranches de bacon. Pendant ce temps, séparez les blancs des jaunes d'œufs. Versez les blancs dans chacune des poêles, salez et poivrez. Laissez cuire 2 minutes, puis ajoutez les jaunes. Procédez délicatement, pour éviter qu'ils se cassent.

◆ Servez sur des tranches de pain de mie préalablement toastées.

CROC' MONTAGNE

•

L'AUVERGNAT

Préparation • 5 minutes
Cuisson • 10 minutes

4 tartines	CHAUD
• 4 tranches de pain Poilâne • 4 tranches de jambon de montagne • 100 g de cantal • Poivre	

Préchauffez le four à 240 °C (th. 8). Déposez vos tranches de pain sur la plaque du four recouverte de papier sulfurisé. Sur chacune des tranches, déposez une tranche de jambon, recouvrez de fromage coupé en fines tranches, poivrez et enfournez pour 10 minutes environ.

◆ Dégustez avec une salade de tomates et un verre de beaujolais village.

LE SAVOYARD

4 sandwichs CHAUD

- 1 baguette de campagne
- 4 diots (saucisses de Savoie)
- 250 g d'abondance (fromage de Savoie)
- 25 cl de vin blanc de Savoie
- 2 douzaines de cerneaux de noix concassés
- Poivre

Préparation • 5 minutes
Cuisson • 20 minutes

Déposez vos saucisses dans le panier-vapeur de votre autocuiseur et faites-les cuire 20 minutes. Pendant ce temps, découpez le fromage en lamelles. Dans une casserole à revêtement antiadhésif, réunissez l'abondance et le vin. Faites chauffer sur feu doux en remuant régulièrement, jusqu'à ce que le fromage soit fondu, et la préparation lisse et homogène. Coupez votre baguette en 4 morceaux et coupez ces derniers en deux dans le sens de la longueur. Tartinez la moitié de vos tranches de pain de préparation au fromage. Ajoutez les cerneaux de noix et les saucisses coupées en deux dans le sens de la longueur. Poivrez.

◆ Refermez les sandwichs et dégustez chaud avec un verre de vin blanc de Savoie.

LE REBLOCHON

4 tartines	CHAUD
• 4 grosses tranches de pain de campagne • 2 oignons • 200 g de lardons • 1/2 reblochon • Poivre	

Préparation • 10 minutes
Cuisson • 20 minutes

Dans une poêle à revêtement antiadhésif, faites revenir les lardons et les oignons émincés. Prolongez la cuisson jusqu'à ce que les lardons soient grillés et les oignons fondants. Préchauffez le four à 240 °C (th. 8). Pendant ce temps, découpez le reblochon en lamelles. Déposez vos tranches de pain sur la plaque du four recouverte de papier sulfurisé. Garnissez chacune de vos tartines d'oignons et de lardons, recouvrez de lamelles de reblochon. Et enfournez une dizaine de minutes jusqu'à ce que le fromage fonde. Poivrez à la sortie du four.

◆ Dégustez bien chaud avec un verre de vin blanc de Savoie.

LE JURASSIEN

4 tartines CHAUD

- 4 tranches épaisses de pain de campagne
- 2 ou 3 courgettes
- 4 tranches de jambon
- 1 petit pot de cancoillotte
- Beurre
- Poivre

Préparation • 10 minutes
Cuisson • 20 minutes

Lavez les courgettes et découpez-les en fines lamelles. Faites-les revenir dans du beurre dans une poêle à revêtement anti-adhésif. Comptez 15 minutes environ. Égouttez-les et remettez-les dans la poêle sur feu doux avec la cancoillotte. Mélangez jusqu'à ce que la cancoillotte fonde. Poivrez largement. Pendant ce temps, découpez votre jambon en lamelles et faites toaster vos tranches de pain. Garnissez-les de mélange aux courgettes et ajoutez vos lamelles de jambon.

◆ Dégustez avec un verre de vin blanc d'Arbois.

LE MORBIER

4 tartines	CHAUD
• 4 tranches de pain de campagne	
• 4 pommes de terre moyennes	
• 100 g de morbier	
• Ciboulette ciselée	
• Beurre	
• Poivre	

Préparation • 10 minutes
Cuisson • 30 minutes

Faites cuire vos pommes de terre à la vapeur. Préchauffez le four à 240 °C (th. 8). Pendant ce temps, découpez le morbier en petites lichettes. À l'issue de leur cuisson, pelez les pommes de terre. Découpez-les en rondelles. Déposez vos tranches de pain sur la plaque du four recouverte de papier sulfurisé. Beurrez-les et recouvrez-les de rondelles de pommes de terre. Disposez par-dessus, les lichettes de morbier. Poivrez largement et enfournez 10 minutes environ. Saupoudrez de ciboulette ciselée.

◆ Dégustez avec une salade de pissenlits aux lardons et un verre de vin rouge du Jura.

LE CROQUE-MORTEAU

4 tartines CHAUD

- 4 tranches de pain Poilâne
- 2 saucisses de Morteau
- 2 blancs de poireau
- 100 g de comté râpé
- 1 verre de vin jaune
- Quelques cerneaux de noix concassés
- Beurre

Préparation • 10 minutes
Cuisson • 30 minutes

Préchauffez le four à 240 °C (th. 8). Découpez les saucisses de Morteau en très fines rondelles. Rassemblez les rondelles pour reformer les saucisses, enveloppez-les dans du film alimentaire et déposez-les dans le panier-vapeur de votre autocuiseur. Faites-les cuire à la vapeur. Pendant ce temps, épluchez les blancs de poireau et émincez-les. Faites-les fondre doucement dans une poêle et dans du beurre. Dans un bol, mélangez le comté râpé et le vin jaune. Déposez vos tranches de pain Poilâne sur la plaque du four recouverte de papier sulfurisé. Garnissez-les de fondue de poireau, de rondelles de saucisse de Morteau, de cerneaux de noix et recouvrez de fromage râpé. Enfournez 10 minutes environ avant de déguster.

◆ Accompagnez d'un verre de vin jaune.

Infoplus Célèbre dans le monde entier, le vin jaune est exclusivement produit dans le Jura, entre Arbois et Château-Chalon. Vinifié à partir d'un seul cépage (le savagnin, vendangé tardivement après la Toussaint), ce vin vieillit en fût de chêne pendant 6 ans et 3 mois. Un voile se forme à sa surface, protégeant le vin des oxydations brutales et permettant l'apparition d'arômes particuliers, de noix et de noisette : le fameux « goût de jaune ». Le vin jaune est ensuite commercialisé dans des bouteilles à la forme particulière appelée « Clavelin », d'une contenance de 62 cl, car c'est ce qu'il reste d'un litre de vin au bout de six années d'élevage. Vin de garde, le vin jaune peut être conservé plusieurs années, voire plusieurs dizaines d'années. Dégustez-le chambré, aux alentours de 15 degrés. Les spécialistes conseillent de le déboucher une demi-journée avant de le servir.

LE CROQUE-VACHERIN

4 tartines CHAUD

- 4 tranches de pain de mie
- 1 tomate
- 4 tranches de jambon du Jura
- 100 g de vacherin

Préparation • 5 minutes
Cuisson • 10 minutes

Préchauffez le four à 240 °C (th. 8). Découpez le vacherin en lamelles. Déposez vos tranches de pain de mie sur la plaque du four recouverte de papier sulfurisé. Garnissez-les de jambon, de rondelles de tomate et de lamelles de fromage. Enfournez pour quelques minutes jusqu'à ce que le fromage fonde.

◆ Dégustez avec une salade verte et un verre de vin rouge du Jura.

CROQUE-MONSIEUR À LA CANCOILLOTTE

4 sandwichs CHAUD

- 8 tranches de pain de mie
- 8 tranches de lard assez larges
- 4 c. à soupe de cancoillotte
- 50 g de beurre
- Poivre

Préparation • 10 minutes
Cuisson • 10 minutes

Dans une poêle à revêtement antiadhésif, faites revenir vos tranches de lard. Tartinez la moitié de vos tranches de pain de cancoillotte. Ajoutez les tranches de lard, poivrez et refermez. Pressez bien et faites revenir vos sandwichs à la poêle dans du beurre. Retournez les sandwichs en cours de cuisson pour bien dorer les deux faces. Afin d'apporter un peu de couleur à vos croque-monsieur, vous pouvez les garnir de dés de tomate.

◆ Dégustez avec un verre de vin blanc du Jura, si possible à base de savagnin.

Infoplus Originaire du Tyrol, le savagnin est un cépage qui n'est pourtant quasiment cultivé que dans le Jura. C'est là-bas, en effet, qu'il a gagné ses lettres de noblesse, puisqu'il est utilisé pour la fabrication du vin jaune. Mais pas seulement. En effet, ce cépage aux arômes de noix se marie parfaitement avec le chardonnay, pour donner des vins blancs d'une excellente qualité.

CROQUE-MONSIEUR AU CANTAL

4 sandwichs CHAUD

- 8 tranches de pain de mie
- 300 g de cantal
- 2 tranches de jambon cuit
- 50 g de beurre
- 1/2 verre de lait
- Poivre

Préparation • 10 minutes
Cuisson • 12 minutes

Préchauffez le four à 240 °C (th. 8). Découpez quelques fines tranches de cantal (comptez 2 à 4 tranches par sandwich, suivant leur taille). Râpez le reste du fromage et imbibez-le de lait. Beurrez la moitié de vos tranches de pain. Garnissez-les d'une demi-tranche de jambon et de tranches de cantal. Poivrez. Refermez les sandwichs. Recouvrez le haut de chaque sandwich de fromage râpé égoutté. Enfournez pendant 10 à 15 minutes jusqu'à ce que le fromage gratine.
◆ Dégustez avec un verre de vin rouge léger.

CROC' TERROIR

•

LE JAMBON-BEURRE

4 sandwichs	FROID
• 1 baguette • 8 tranches de jambon blanc • Beurre salé	

Préparation • 5 minutes
Découpez votre baguette en 4 morceaux, ouvrez-les et tartinez-les de beurre salé. Garnissez-les de tranches de jambon et dégustez. Certains amateurs rajoutent des cornichons. Si ces derniers sont intéressants, car ils apportent une texture croquante à ce grand classique des sandwichs, attention toutefois, leur saveur vinaigrée peut masquer celles plus subtiles du beurre salé et du jambon blanc.
◆ Dégustez avec un demi, sans faux-col.

LE RILLETTES DU MANS

4 sandwichs **FROID**

- 1 baguette
150 g de rillettes du Mans
- Quelques cornichons (facultatif)

Préparation • 5 minutes
Découpez votre baguette en 4 morceaux, ouvrez-les et tartinez-les de rillettes. Ajoutez quelques tranches de cornichons. ◆ Dégustez avec un ballon de rouge.

Conseil Attention cependant à la saveur fortement vinaigrée de certains cornichons qui pourrait nuire à celle des rillettes.

LE SAUCISSON SEC

4 sandwichs **FROID**

- 1 baguette
- 12 à 16 tranches de saucisson (ou plus : suivant leur taille)
- Beurre doux de baratte

Préparation • 5 minutes
Découpez votre baguette en 4 morceaux, ouvrez-les et tartinez-les de beurre de baratte. Garnissez-les de saucisson et dégustez.

LE DIJONNAIS

4 sandwichs **FROID**

- 8 fines tranches de pain de campagne
- 4 fines tranches de jambon persillé
- 1 pointe de moutarde
- 100 g de beurre mou
- Cornichons

Préparation • 5 minutes Mélangez le beurre mou et la moutarde jusqu'à obtenir une consistance homogène. Tartinez la moitié de vos tranches de pain de ce mélange. Garnissez-les de jambon persillé et de quelques tranches de cornichons. Refermez les sandwichs ◆ Dégustez avec un verre de vin aligoté bien frais.

Infoplus Spécialité de Pâques en Bourgogne, le jambon persillé est préparé à partir de morceau d'épaule ou de jambon cuit, additionnés de gelée aromatisée au vin blanc de Bourgogne, enfermant une forte proportion de persil haché.

LE JAMBON-NOISETTES

4 sandwichs **FROID**

- 8 tranches de pain Poilâne
- 4 fines tranches de jambon cru
- Quelques noisettes concassées
- Quelques feuilles de salade « feuilles de chêne »
- Huile de noisette
- Sel, poivre

Préparation • 5 minutes

Faites toaster vos tranches de pain. Imbibez-en la moitié d'huile de noisette. Garnissez-les de tranches de jambon, de feuilles de chêne et de noisettes concassées. Salez et poivrez. Refermez les sandwichs et dégustez.

◆ Accompagnez d'un verre de porto.

LE POULET FUMÉ

Préparation • 10 minutes
Coupez la baguette en 4 morceaux. Ouvrez en deux chacun des morceaux. Épluchez les carottes, râpez-les et assaisonnez-les de jus de citron, de sel, de poivre et d'estragon ciselé. Mélangez bien. Tartinez de mayonnaise l'intérieur de vos sandwichs, garnissez-les de blanc de poulet, découpé en lanières et de carottes râpées.
◆ Dégustez avec un verre de vin rosé.

4 sandwichs **FROID**

- 1 baguette de campagne
- 300 g de blanc de poulet fumé (achetez votre poulet cuit chez le volailler)
- 2 grosses carottes
- 2 c. à soupe de mayonnaise
- 1/2 citron
- Estragon frais
- Sel, poivre

LE CANARD À L'ORANGE

4 sandwichs **FROID**

- 1 baguette
- 2 magrets de canard
- 1 orange non traitée
- 1 jaune d'œuf (à température ambiante)
- 1 c. à café de moutarde à l'ancienne
- Huile
- Sel, poivre

Préparation • 10 minutes
Cuisson • 15 minutes

Prélevez le zeste de l'orange et émincez-le finement. Ouvrez-la en deux et pressez-la. Conservez l'équivalent d'une cuillerée à soupe de jus d'orange. Buvez le reste, c'est plein de vitamines. Faites une croix dans le gras de la peau des magrets. Posez-les, côté peau, dans une sauteuse bien chaude. Faites cuire ainsi pendant 8 minutes environ. Jetez la graisse rendue. Poursuivez la cuisson, côté chair, sur feu vif pendant 6 minutes. Pendant ce temps préparez la mayonnaise : dans un bol, rassemblez le jaune d'œuf, la moutarde et le jus de d'orange. Faites couler un filet minuscule d'huile dans le bol et fouettez à la main jusqu'à ce que le fond de sauce devienne homogène. Ensuite, utilisez un fouet électrique parce que ça va plus vite. Tout en fouettant, versez de l'huile petit à petit jusqu'à ce que votre mayonnaise occupe les trois quarts du bol. Rectifiez l'assaisonnement. Ajoutez le zeste d'orange émincé (une partie ou la totalité, selon votre goût). Découpez les magrets en très fines tranches. Découpez votre baguette en 4 sandwichs et garnissez-les de tranches de magret et de mayonnaise à l'orange.

◆ Dégustez avec un verre de vin blanc moelleux aux arômes d'agrumes.

Conseil Vous gagnerez du temps en utilisant des tranches de magret fumé sous vide. En vente au rayon frais de votre supermarché.

L'ANDOUILLE

4 sandwichs FROID

- 1 baguette de campagne
- 16 fines tranches d'andouille fumée
- 60 g de beurre
- 1 crevette cuite décortiquée
- Sel, poivre

Préparation • 10 minutes

Coupez la baguette en 4. Ouvrez chacun des morceaux en 2. Préparez le beurre de crevette : dans le bol du robot, mixez la crevette et le beurre. Tartinez de ce mélange l'intérieur de vos sandwichs et garnissez-les de tranches d'andouille fumée.

◆ Dégustez avec un verre de muscadet.

LE CROQUE-BLEU

4 tartines CHAUD

- 4 tranches de pain de campagne
- 2 blancs de poulet fumé cuit.
- 150 g de bleu de Bresse
- 5 cl de crème liquide
- Quelques cerneaux de noix
- Poivre

Préparation • 10 minutes
Cuisson • 10 minutes

Préchauffez le four à 240 °C (th. 8). Dans une assiette creuse, mélangez à la fourchette le fromage et la crème. Concassez au couteau les cerneaux de noix et ajoutez-les à la crème de fromage. Poivrez. Découpez en lamelles vos blancs de poulet et incorporez-les au mélange précédent. Tartinez de ce mélange vos tranches de pain de campagne et glissez-les quelques minutes dans le four.

◆ Dégustez avec un verre de vin rouge puissant.

LE MONTBRISON

Préparation • 10 minutes
Cuisson • 5 minutes

4 tartines — **CHAUD**

- 4 tranches de pain Poilâne
- 1 poire
- 120 g de fourme de Montbrison
- 1 c. à soupe de crème liquide

Préchauffez le gril du four. Dans une assiette, émiettez la fourme de Montbrison. Incorporez au fromage la crème liquide à l'aide d'une fourchette. Tartinez de ce mélange vos tranches de pain et passez-les sous le gril jusqu'à ce que le fromage commence à gratiner. Pendant ce temps, pelez la poire, retirez le trognon et coupez-la en tranches très fines. Retirez vos tartines du four et déposez sur le fromage encore chaud vos fines tranches de poire.

◆ Dégustez illico avec un verre de porto.

Conseil Vous pouvez remplacer la fourme de Montbrison par de la fourme d'Ambert.

LE CHABLISIEN

4 sandwichs CHAUD

- 1 baguette
- 4 andouillettes
- 1 verre de chablis
- Moutarde en grains

Préparation • 10 minutes
Cuisson • 10 minutes

Préparez vos sandwichs en découpant la baguette en 4. Ouvrez vos andouillettes et faites revenir l'intérieur à sec, dans une poêle à revêtement antiadhésif. Versez le chablis et prolongez la cuisson à feu vif jusqu'à évaporation totale. Tartinez vos sandwichs de moutarde en grains et garnissez-les de viande.

◆ Dégustez avec un verre de chablis, si possible, le même que celui utilisé en cuisine.

Conseil Vous pouvez remplacer le chablis par un autre vin blanc sec. Un chardonnay de préférence.

LE BAYONNE

4 tartines	CHAUD
• 4 tranches de pain de campagne • 4 tranches de jambon de Bayonne • 4 ou 8 tranches d'ossau-iraty (suivant leur taille) • 1 tomate • Huile d'olive • 1 piment d'Espelette • Sel	

Préparation • 5 minutes
Cuisson • 5 minutes

Quelques jours auparavant, préparez l'huile pimentée. Hachez grossièrement votre piment et faites-le mariner dans un verre d'huile d'olive. Recouvrez de film alimentaire et réservez au frais. Le jour même : plongez votre tomate dans de l'eau bouillante pendant 1 minute. Pelez-la, ouvrez-la, épépinez-la et concassez-la à l'aide d'une fourchette. Mélangez-la avec un peu de sel et d'huile pimentée. Tartinez vos tranches de pain de ce mélange. Garnissez-le de fromage et de jambon et passez sous le gril du four jusqu'à ce que le fromage fonde.

◆ Dégustez avec un verre de vin rouge puissant.

Conseil Si vous n'avez pas pris le temps de préparer votre huile pimentée, utilisez du piment en poudre que vous mélangerez avec un peu d'huile.

HOT-DOG AUX HERBES

4 sandwichs CHAUD

- 1 baguette de campagne
- 4 saucisses aux herbes
- 2 c. à soupe de purée de haricots verts
- 2 c. à soupe de mayonnaise
- 1 c. à café de cumin en poudre

Préparation • 10 minutes
Cuisson • 15 minutes

Découpez votre baguette en 4 sandwichs. Piquez les saucisses et faites-les bien dorer dans une poêle à revêtement antiadhésif. Faites réchauffer la purée de haricots (elle doit être tiède). Mélangez-la à la mayonnaise et au cumin. Tartinez vos sandwichs de cette préparation avant d'y glisser les saucisses.

LE RÔTI

4 sandwichs FROID

- 1 baguette de campagne
- 12 très fines tranches de rôti de porc cuit
- Confiture d'oignon (en vente au rayon épicerie fine de votre supermarché)
- Mâche

Préparation • 5 minutes

Préparez 4 sandwichs dans votre baguette, garnissez-les de confiture d'oignon, de feuilles de mâche et de rôti de porc.

◆ Dégustez avec un verre de vin rouge léger.

LE CHÈVRE

4 tartines CHAUD

- 4 tranches de pain Poilâne
- 1 sainte-maure
- 4 tranches de jambon cru
- 1 tomate
- Huile d'olive
- Thym frais
- Sel

Préparation • 10 minutes
Cuisson • 10 minutes

Préchauffez le four à 240 °C (th. 8). Ébouillantez la tomate pendant 1 minute. Pelez-la, ouvrez-la et épépinez-la. Écrasez-la à l'aide d'une fourchette. Versez un filet d'huile, ajoutez du thym frais et salez. Étalez sur chaque tranche de pain ce délicieux mélange. Coupez le fromage en 8. Découpez en 2 dans le sens de la longueur vos tranches de jambon. Enroulez-y vos crottins et posez-les sur vos tartines. Enfournez pendant une dizaine de minutes avant de déguster.

◆ Accompagnez d'un verre de vin blanc sec.

LE BÉCHAMEL

4 tartines CHAUD

- 4 tranches de pain de campagne
- 4 tranches de jambon blanc
- 4 à 8 champignons blancs
- 10 g de farine
- 10 g de beurre
- 20 cl de lait
- Noix de muscade
- Sel, poivre

Préparation • 10 minutes
Cuisson • 15 minutes

Retirez les pieds terreux des champignons et nettoyez-les avec un linge humide. Coupez-les en lamelles et faites-les cuire à sec et sur feu doux, dans une poêle à revêtement antiadhésif. Pendant ce temps, préparez la béchamel. Faites fondre le beurre dans une casserole. Incorporez alors la farine à l'aide d'une cuillère en bois, puis fouettez en versant le lait petit à petit. Tournez sans arrêt jusqu'à ce que le mélange épaississe. Rectifiez alors l'assaisonnement, puis ajoutez un peu de noix de muscade râpée. Si la béchamel comporte trop de grumeaux, passez-la au mixeur. Préchauffez le gril du four. Découpez vos tranches de jambon en morceaux. Dans un grand bol, réunissez les champignons poêlés, le jambon et la béchamel. Mélangez bien et étalez la préparation sur les tranches de pain. Faites gra-

tiner quelques minutes sous le gril.
◆ Dégustez avec un verre de vin rouge.

LE BOUDIN NOIR

4 tartines	CHAUD
• 4 tranches de pain Poilâne • 2 boudins noirs • 1 pomme golden • 1 c. à soupe de crème liquide • Beurre • Sel	

Préparation • 5 minutes
Cuisson • 15 minutes
Pelez la pomme, coupez-la en quartiers et retirez le trognon. Coupez-la en cubes. Faites dorer les cubes dans une poêle et dans du beurre. Pendant ce temps, ouvrez-les boudins et faites sauter l'intérieur dans une poêle à revêtement antiadhésif pendant 5 minutes environ. Sur feu doux, ajoutez un peu de crème fraîche liquide et incorporez les cubes de pomme. Étalez ce mélange sur les tranches de pain Poilâne préalablement toastées.
◆ Dégustez avec un verre de cidre.

LE CROQUE-MONSIEUR

4 sandwichs CHAUD

- 8 tranches de pain de mie
- 4 tranches de comté coupées à la taille du pain de mie
- 4 tranches de jambon blanc coupées à la taille du pain de mie
- 150 g de comté râpé
- 1 verre de lait
- Beurre

Préparation • 10 minutes
Cuisson • 10 minutes

Préchauffez le four à 240 °C (th. 8). Mélangez dans un bol le lait et le fromage râpé. Beurrez la moitié des tranches de pain. Garnissez-les de jambon et des tranches de fromage. Recouvrez d'une tranche de pain de mie. Essorez le fromage râpé avant d'en garnir le dessus de vos sandwichs. Enfournez une dizaine de minutes. Deux minutes avant la fin de la cuisson, allumez le gril du four pour faire gratiner le dessus de vos sandwichs.

◆ Dégustez chaud avec un verre de vin blanc du Jura.

Conseil Utilisez de préférence du pain de mie anglais aux tranches larges et moelleuses.

LE CROQUE-MADAME

Préparation • 10 minutes
Cuisson • 15 minutes

4 sandwichs CHAUD

- 8 tranches de pain de mie bien moelleux
- 4 tranches de comté coupées à la taille du pain de mie
- 4 tranches de jambon blanc coupées à la taille du pain de mie
- 4 œufs
- Beurre
- Sel, poivre

Préchauffez le four à 240 °C (th. 8). Dans une poêle et dans du beurre, faites cuire des œufs au plat. Assaisonnez-les. Pendant ce temps, beurrez la moitié des tranches de pain. Garnissez-les de jambon et des tranches de fromage. Recouvrez d'une tranche de pain de mie. Enfournez une dizaine de minutes. À la sortie du four, déposez vos œufs au plat à cheval sur chaque sandwich.

◆ Dégustez chaud avec un verre de vin blanc du Jura.

LE CROQUE-CHÈVRE

4 tartines CHAUD

- 4 grandes tranches de pain de campagne à la mie compacte
- 8 crottins de Chavignol
- 2 tomates
- Huile d'olive
- Sel, poivre

Préparation • 10 minutes
Cuisson • 10 minutes

Préchauffez le four à 240 °C (th. 8). Plongez vos tomates dans une casserole d'eau bouillante pendant 1 minute. Retirez-les, pelez-les, ouvrez-les et épépinez-les. Écrasez la chair à la fourchette. Imbibez légèrement les tranches de pain d'huile d'olive. Étalez sur chaque tranche la purée de tomate. Coupez en deux, dans l'épaisseur, les crottins et déposez-les sur les tartines. Rectifiez l'assaisonnement avant d'enfourner pendant 10 minutes environ.

◆ Dégustez avec un verre de sancerre blanc.

CROC' ETHNIQUES

•

L'INDIEN

4 sandwichs	TIÈDE
• 4 pains naan (pain indien)	
• 2 escalopes de poulet	
• 2 c. à café de concentré de tomate	
• 1 oignon	
• 1 c. à café de pâte de curry	
• Huile	

Préparation • 10 minutes
Cuisson • 15 minutes

Faites chauffer un peu d'huile dans un faitout. Pelez l'oignon et émincez-le. Faites-le revenir dans l'huile chaude jusqu'à ce qu'il devienne translucide. Ajoutez la pâte de curry et le concentré de tomate. Découpez vos escalopes en lanières et faites revenir la viande dans le faitout. Quand la viande est cuite, retirez du feu. Laissez tiédir. Garnissez vos pains indiens de ce mélange. Roulez-les et dégustez tiède.

◆ Servez avec un verre de vin blanc d'Alsace.

LE THAÏ

4 sandwichs FROID

- 1 baguette
- 2 escalopes de poulet…
…1 oignon
- 1 c. à soupe rase de pâte de curry
- 2 branches de citronnelle
- 1 c. à soupe de coriandre fraîche ciselée
- 1 c. à café de gingembre en poudre
- 25 cl de lait de coco
- Huile
- Sel

Préparation • 10 minutes
Cuisson • 15 minutes

Pelez l'oignon et émincez-le. Retirez les feuilles les plus basses de la citronnelle et coupez-la en tronçons de 2 cm de long environ. Découpez le poulet en lanières. Faites chauffer un peu d'huile dans un faitout. Faites-y revenir l'oignon jusqu'à ce qu'il devienne translucide. Ajoutez alors la pâte de curry. Mélangez avec une cuillère en bois pendant quelques secondes, puis ajoutez la viande et faites-la rissoler. Versez ensuite le lait de coco, ajoutez les tronçons de citronnelle, la coriandre et le gingembre. Lorsque le poulet est bien cuit, retirez le faitout du feu et laissez refroidir. Filtrez alors la sauce (conservez-la) et retirez les tronçons de citronnelle. Découpez votre baguette en 4 sandwichs, ouvrez-les et imbibez-les légèrement de sauce à la noix de coco. Garnissez-les de lanières de poulet.

◆ Dégustez avec un verre de blanc d'Alsace.

LE CHINOIS

Préparation • 10 minutes
Cuisson • 2 minutes

4 sandwichs **FROID**

- 1 baguette
- 250 g de canard laqué coupé en tranches (à acheter chez le traiteur chinois)
- 2 c. à soupe de germes de soja
- 1 c. à soupe de graines de sésame
- Sauce de soja
- Feuilles de laitue

Assaisonnez les germes de soja de sauce de soja. Dans une poêle à revêtement antiadhésif, faites griller à sec les graines de sésame pendant 1 à 2 minutes. Cessez dès le début de la coloration. Désossez les tranches de canard laqué. Découpez la baguette en 4. Ouvrez en deux vos sandwichs et garnissez-les de laitue, de canard, de germes de soja et de graines de sésame grillées.

◆ Dégustez avec un verre de vin blanc d'Alsace.

LE SATAY

4 sandwichs FROID

- 8 tranches de pain de mie anglais bien moelleux
- 2 escalopes de poulet
- 10 cl de bouillon
- 1 c. à café de cumin
- 1 morceau de gingembre
- 6 c. à café de curry en poudre
- 2 gousses d'ail
- 30 cl de lait de coco
- 3 c. à soupe de jus de citron vert
- 2 c. à soupe de nuoc-mâm
- 3 c. à soupe de beurre de cacahuète
- 2 c. à soupe de sucre roux
- 1 c. à café de Tabasco
- 2 échalotes
- 2 c. à soupe ...

Préparation • 20 minutes
Cuisson • 20 minutes
Marinade • 3 heures

Préparez la marinade en rassemblant dans un saladier 1 cuillerée à café de gingembre râpé, les gousses d'ail écrasées, le jus de citron vert, les échalotes émincées, la moitié du curry, le cumin, la moitié du Tabasco, le tiers du lait de coco et la sauce nuoc-mâm. Faites mariner les blancs de poulet coupés en lanières pendant 3 heures au réfrigérateur.

Pendant ce temps, préparez la sauce satay : dans une casserole, faites réchauffer le reste du lait de coco à feu moyen. Ajoutez le reste de curry, le beurre de cacahuètes, le reste de Tabasco, le bouillon et le sucre. Mélangez bien et faites cuire 10 minutes en mélangeant régulièrement. Incorporez la pâte de tamarin diluée. Rectifiez l'assaisonnement. Égouttez les morceaux de poulet et faites-les cuire dans une poêle à revêtement antiadhésif. Mélangez-les à la sauce satay et garnissez vos sandwichs de cette préparation.

4 sandwichs FROID

... de pâte de tamarin
- Sel, poivre

LE CRÉOLE

Préparation • 5 minutes
Cuisson • 10 minutes

Dans une poêle à revêtement antiadhésif, faites cuire vos petits boudins. Découpez votre baguette en 4 sandwichs. Garnissez-les de chutney et des boudins et dégustez tiède.

4 sandwichs CHAUD

- 1 baguette
- 16 petits boudins antillais
- 2 c. à soupe de chutney de mangue (en vente au rayon exotique de votre supermarché)

Conseil Si vous ne trouvez pas de chutney de mangue, vous pouvez utiliser un autre type de chutney.

LE MEXICAIN

4 sandwichs **FROID**

- 4 pains ronds
- 1 oignon rouge émincé
- 1 petite boîte de maïs égoutté
- 1 gousse d'ail hachée
- 1/2 poivron vert en lanières
- 1 c. à soupe de haricots rouges en boîte
- 1 avocat découpé en lanières
- 2 c. à soupe de jus de citron
- 2 c. à soupe d'huile de maïs
- Quelques gouttes de Tabasco
- Sel

Préparation • 15 minutes

Dans un saladier, mélangez tous les ingrédients de la garniture. Assaisonnez. Garnissez les pains ronds de cette préparation.

◆ Dégustez avec un verre de vin rouge mexicain.

LE LATINO

4 tartines **FROID**

- 4 tranches de pain de mie complet
- 200 g de blanc de dinde cuit et découpé en morceaux
- 1 avocat bien mûr
- 1 tomate
- 1 pointe de couteau de piment en poudre
- 1 oignon haché
- 1 c. à soupe de coriandre ciselée
- 1 c. à soupe de jus de citron
- Sel

Préparation • 10 minutes
Ébouillantez la tomate, épépinez-la et concassez-la. Coupez l'avocat en deux dans le sens de la longueur, enlevez le noyau et retirez la chair. À l'aide d'une fourchette, écrasez l'avocat et la tomate en purée. Ajoutez alors le piment, l'oignon et la coriandre. Assaisonnez et incorporez le jus de citron. Mélangez bien. Garnissez vos sandwichs de ce mélange, ajoutez la viande avant de refermer et dégustez.

◆ Servez avec un verre de vin rouge du Chili.

LE HAWAÏEN

4 sandwichs FROID

- 1 baguette
- 4 tranches de jambon
- 2 tranches d'ananas
- 2 cuil. à soupe de Mayonnaise

Préparation • 10 minutes

Dans un bol, mélangez les tranches de jambon coupées en lanières, les tranches d'ananas coupées en cubes et la mayonnaise. Découpez votre baguette en 4 sandwichs et garnissez-les avec le mélange précédent.

◆ Dégustez avec un verre de vin blanc moelleux.

LE TIKKA

Préparation • 10 minutes
Cuisson • 10 minutes
Marinade • 3 heures

Découpez les escalopes en lanières. Dans un saladier, rassemblez tous les ingrédients (sauf le pain, bien sûr !). Faites mariner au frais quelques heures. Égouttez les morceaux de poulet et faites-les cuire dans une poêle-gril à revêtement antiadhésif. Tartinez vos tranches de pain avec la marinade, glissez à l'intérieur les morceaux de poulet et dégustez.

4 sandwichs **FROID**

- 8 tranches de pain de mie anglais larges et moelleuses
- 2 escalopes de poulet
- 1/2 c. à café de cumin
- 1 c. à café de coriandre fraîche ciselée
- 1 gousse d'ail pressée
- 1 c. à café de gingembre râpé
- 1 pointe de couteau de piment en poudre
- 2 yaourts brassés nature
- Sel

LE VIETNAMIEN

4 sandwichs **FROID**

- 1 baguette
- 50 g de germes de soja égouttés
- 100 g de chair de crabe cuite
- 100 g de viande de porc cuite et découpée en petits dés
- Quelques feuilles de menthe ciselée
- 1 carotte râpée
- 2 c. à soupe de jus de citron
- 2 c. à soupe d'huile d'arachide
- 1 c. à café de nuoc-mâm
- 1 c. à soupe de sauce de soja

Préparation • 10 minutes

Dans un saladier, mélangez tous les ingrédients de la garniture. Mélangez bien. Découpez votre baguette en 4 morceaux. Ouvrez vos sandwichs et garnissez-les du mélange précédent.

L'ASIATIQUE

Préparation • 5 minutes
Cuisson • 10 minutes

Faites chauffer de l'huile d'arachide dans une poêle. Faites-y revenir l'oignon, puis la viande. Ajoutez alors tout le reste des ingrédients et poursuivez la cuisson à feu doux et à couvert pendant 5 minutes. Garnissez alors vos sandwichs de ce mélange et dégustez sans attendre.

4 sandwichs CHAUD

- 8 tranches de pain de mie
- 2 blancs de poulet découpés en lanières
- 1 oignon émincé
- 100 g d'amandes concassées
- 1 c. à café de gingembre en poudre
- 1 c. à soupe de sauce de soja
- 1 pincée de sucre roux
- Huile d'arachide

LE CROQUE-HAWAII

4 sandwichs CHAUD

- 8 tranches de pain de mie
- 2 tranches de jambon
- 4 tranches de cheddar de la taille des tranches de pain
- 1 tranche d'ananas coupée en cubes
- Beurre

Préparation • 10 minutes
Cuisson • 10 minutes

Préchauffez le four à 240 °C (th. 8). Beurrez la moitié des tranches de pain. Garnissez-les de jambon, d'ananas et des tranches de fromage. Recouvrez d'une tranche de pain de mie. Enfournez une dizaine de minutes. Dégustez chaud.

CROC' YANKEE

•

CLUB-SANDWICH AU POULET

Un Club-Sandwich est un sandwich composé de trois tranches de pain de mie.

4 sandwichs	FROID
• 12 tranches de pain de mie blanc • 4 c. à soupe de mayonnaise • 4 feuilles de laitue • 2 escalopes de poulet • 2 tomates coupées en fines rondelles • 4 larges tranches de bacon.	

Préparation • 10 minutes
Cuisson • 10 minutes
Faites griller les tranches de pain dans un grille-pain. Dans une poêle à revêtement antiadhésif, faites revenir les tranches de bacon. Pendant ce temps, découpez le poulet en fines lanières. Retirez le bacon de la poêle et remplacez-le par les lanières de poulet. Faites-les cuire. Retirez la croûte des tranches de pain. Utilisez trois tranches de pain par sandwich. Tartinez la première tranche de mayonnaise, ajoutez une feuille

de laitue et le quart des lanières de poulet. Déposez une deuxième tranche de pain, également couverte de mayonnaise. Ajoutez 2 ou 3 rondelles de tomate et une tranche de bacon. Refermez le sandwich avec la troisième tranche de pain. Procédez de la même manière pour les autres sandwichs.

◆ Dégustez avec un verre de vin rouge de Californie.

LE N. Y.

4 sandwichs **FROID**

- 4 pains de type bagel
- 4 tranches de pastrami
- 4 gros cornichons de type Malossol
- Moutarde
- Mayonnaise
- Quelques tranches de tomate
- 4 feuilles de laitue

Préparation • 10 minutes

Ouvrez vos bagels en deux et faites-les toaster. Découpez la laitue en lanières et mélangez-la avec de la mayonnaise (comptez 2 à 3 cuillerées à soupe). Émincez les cornichons. Garnissez vos bagels de moutarde, de cornichon, de pastrami, de tranches de tomate et de laitue à la mayonnaise. Refermez les sandwichs et dégustez.

LE BAGEL-SAUMON

4 sandwichs **FROID**

- 4 bagels au sésame
- 4 pavés de saumon frais
- 2 citrons
- 1 verre d'huile d'olive
- 2 oignons rouges
- 1 c. à soupe de graines de sésame
- Moutarde douce
- Sel, poivre

Préparation • 10 minutes
Marinade • 3 heures

Découpez les pavés de saumon en petits cubes. Épluchez les oignons et émincez-les. Dans un plat, déposez les cubes de saumon, les graines de sésame et les rondelles d'oignon. Arrosez du jus des citrons, d'huile d'olive, salez et poivrez. Recouvrez le plat de film alimentaire et faites mariner au frais pendant 3 heures environ. Mélangez de temps en temps. Ouvrez vos bagels en deux. Faites-les toaster. Pendant ce temps, égouttez les cubes de saumon et les rondelles d'oignon. Tartinez vos tranches de pain de moutarde douce, puis garnissez-les de saumon et d'oignons rouges. Refermez les sandwichs avant de déguster.

LE CENTRAL PARK

4 sandwichs FROID

- 4 bagels à l'ail
- 100 g de fromage blanc en faisselle
- Quelques feuilles de menthe fraîche
- Quelques feuilles de basilic
- 4 petits oignons frais
- Sel, poivre

Préparation • 10 minutes

Ouvrez en deux les bagels et faites-les toaster. Pendant ce temps, égouttez le fromage blanc et versez-le dans un saladier. Ciselez le basilic et la menthe, puis émincez finement les oignons. Salez, poivrez et mélangez le tout à la fourchette. Garnissez chacun de vos sandwichs de préparation au fromage blanc.

HOT DOGS

4 sandwichs CHAUD

- 4 pains à hot dog (ou une baguette)
- 4 saucisses de Strasbourg
- 1 c. à soupe d'huile
- 2 gros oignons
- Moutarde douce
- Sel

Préparation • 10 minutes
Cuisson • 15 minutes

Préchauffez le four à 150 °C (th. 5) et déposez-y vos pains. Épluchez les oignons et émincez-les. Faites-les revenir dans l'huile, à feu doux. Portez une casserole d'eau salée à ébullition et faites-y cuire les saucisses. Sortez les pains du four, ouvrez-les et garnissez-les de fondue d'oignons, de saucisses et de moutarde.

◆ Dégustez chaud avec un verre de blanc d'Alsace.

LE NOUVELLE-ANGLETERRE

Préparation • 15 minutes
Cuisson • 10 minutes

4 sandwichs FROID

- 8 tranches de pain de mie
- 400 g de clams
- 400 g de crevettes cuites
- 1 branche de céleri émincé
- 2 c. à soupe de mayonnaise
- Sel

Brossez les coquillages. Portez une casserole d'eau salée à ébullition et plongez-y les coquillages. Laissez-les cuire une dizaine de minutes. Égouttez-les et décoquillez-les. Dans le bol du mixeur, rassemblez les clams, les crevettes, la branche de céleri et la mayonnaise. Faites turbiner quelques secondes. Étalez la préparation obtenue sur la moitié des tranches de pain. Refermez vos sandwichs et dégustez.

◆ Accompagnez d'un verre de chardonnay.

L'ŒUF-JAMBON

4 sandwichs **FROID**

- 8 tranches de pain de mie complet
- 1 poignée de cerneaux de noix
- 4 œufs cuits durs
- 4 feuilles de laitue
- 4 tranches de jambon cru
- 2 c. à soupe de mayonnaise
- Sel, poivre

Préparation • 10 minutes
Concassez les cerneaux de noix avec vos doigts. Coupez en lanières les feuilles de salade. Dans une assiette creuse, écrasez les œufs à la fourchette. Ajoutez les noix, la salade et la mayonnaise. Mélangez bien. Rectifiez l'assaisonnement. Garnissez vos sandwichs de cette préparation, puis ajoutez les tranches de jambon.

◆ Dégustez avec un verre de vin rouge léger.

LE NOIX DE PÉCAN

Préparation • 10 minutes
Cuisson • 5 minutes

Dans une poêle à revêtement antiadhésif, faites revenir les tranches de bacon. Concassez les noix de pécan. Dans un saladier, rassemblez tous les ingrédients (sauf le pain et le bacon). Mélangez bien. Rectifiez l'assaisonnement. Garnissez vos sandwichs de ce mélange et d'une tranche de bacon.

◆ Servez avec un verre de porto.

4 sandwichs FROID

- 8 tranches de pain de mie
- 1 poignée de noix de pécan
- 4 tranches de bacon
- 1 c. à soupe de cheddar râpé
- 2 c. à soupe de mayonnaise
- 1 pincée de paprika
- 1 pincée de moutarde en poudre
- 1 pincée de sel de céleri
- Sel, poivre

HAMBURGER

4 sandwichs | CHAUD

- 4 pains ronds au sésame
- 300 g de viande de bœuf hachée
- 2 échalotes
- Quelques feuilles de laitue
- Quelques tranches de tomates
- 1 oignon émincé
- 1 c. à café de sauce Worcester
- 4 gros cornichons émincés
- Moutarde
- Ketchup
- Sel, poivre

Préparation • 15 minutes
Cuisson • 5 minutes

Pelez les échalotes et hachez-les. Dans un saladier, mélangez la viande, les échalotes hachées et la sauce Worcester. Salez et poivrez. Façonnez 4 boules, aplatissez-les, puis faites cuire ces hamburgers dans une poêle à revêtement antiadhésif. Faites toaster vos tranches de pain. Garnissez vos sandwichs de viande, de laitue, de tomate, de rondelles d'oignon, de cornichons émincés, de moutarde et de ketchup. Refermez les sandwichs et dégustez chaud.

◆ Accompagnez d'un verre de vin rouge de Californie.

CHEESEBURGER AUX CHAMPIGNONS

4 sandwichs CHAUD

- 4 pains ronds au sésame
- 300 g de viande de bœuf hachée
- 2 gros champignons blancs
- 4 tranches de cheddar ou de fromage fondu
- Quelques feuilles de laitue
- Quelques tranches de tomates
- 1 oignon en rondelles
- 1 c. à café de concentré de tomate
- 1 c. à café d'origan
- Quelques tranches de concombre
- Ketchup
- Sel, poivre

Préparation • 15 minutes
Cuisson • 5 minutes

Coupez les pieds terreux des champignons. Nettoyez-les en les frottant avec un morceau de papier absorbant humide. Coupez-les en petits morceaux. Dans un saladier, rassemblez la viande, les champignons, le concentré de tomate, l'origan, du sel et du poivre. Mélangez bien. Façonnez 4 boules, aplatissez-les, puis faites cuire ces hamburgers dans une poêle à revêtement anti-adhésif. Peu avant la fin de la cuisson, recouvrez-les d'une tranche de fromage : celle-ci doit commencer à fondre. Faites toaster vos tranches de pain. Garnissez vos sandwichs de viande et du reste des ingrédients. ◆ Dégustez chaud avec un verre de vin rouge de Californie.

LE CHICK'BURGER

4 sandwichs CHAUD

- 1 pain hamburger
- 1 blanc de poulet, coupé en cubes
- Huile végétale
- Sauce mexicaine toute prête
- Quelques gouttes de Tabasco
- 1/2 poivron
- 30 g de maïs cuit
- 2 tranches de cheddar

Préparation • 20 minutes
Cuisson • 10 minutes

Préchauffez le four à 150 °C (th. 5). Glissez-y les tranches de pain hamburger et faites-les chauffer. Dans une poêle et dans un peu d'huile végétale, faites revenir les dés de poulet jusqu'à coloration. Ajoutez la sauce mexicaine et faites mijoter à feu doux. Assaisonnez de Tabasco, selon votre goût. Réunissez les ingrédients entre les tranches de pain. Passez au four pour faire fondre le fromage.

◆ Dégustez avec un verre de vin rouge puissant, de type rioja (vin espagnol) ou mieux encore, un verre de vin mexicain.

CROC' VÉGÉTARIENS

•

LE CHOU BLANC

Préparation • 10 minutes
Faites toaster les tranches de pain. Émincez finement le chou blanc. Épluchez les carottes et râpez-les. Dans un saladier, rassemblez tous les ingrédients. Assaisonnez de crème liquide, de sel et de poivre. Mélangez bien avant de garnir vos sandwichs de cette préparation.

4 sandwichs **FROID**

- 8 tranches de pain complet
- 2 carottes
- 1/4 de chou blanc
- 1 poignée de raisins secs
- Crème liquide
- Sel, poivre

LE MÂCHE À MÂCHER

4 sandwichs FROID

- 1 baguette de campagne
- 1 barquette de mâche
- 1 avocat
- 1 betterave rouge cuite
- Quelques rondelles de concombre
- Jus de citron
- Huile d'olive
- Vinaigre de xérès
- Sel, poivre

Préparation • 10 minutes
Coupez la baguette en quatre et ouvrez en deux chacun des morceaux. Ouvrez l'avocat et retirez le noyau. Découpez la chair en lamelles. Arrosez-les de jus de citron, afin qu'elles ne noircissent pas. Épluchez la betterave et coupez-la en lamelles. Dans un saladier, rassemblez tous les ingrédients. Assaisonnez d'huile d'olive, de vinaigre, de sel et de poivre. Garnissez vos sandwichs de cette préparation.

L'ABRICOT-CHÈVRE

4 sandwichs. FROID

- 4 pains au lait
- 100 g de fromage de chèvre frais
- 6 abricots secs
- 1 sachet de thé vert à la menthe
- 10 cl de crème liquide
- Sel, poivre

Préparation • 10 minutes
Trempage • 3 heures

Trois heures auparavant, portez une casserole d'eau à ébullition. Versez-la sur le thé dans un saladier et faites-y gonfler les abricots secs pendant 3 heures environ. Égouttez les abricots et coupez-les en tout petits morceaux. Dans une assiette creuse et à la fourchete, mélangez le fromage, la crème et les morceaux d'abricots. Salez et poivrez. Garnissez vos sandwichs de ce mélange.

◆ Dégustez avec un verre de blanc moelleux.

LE BLEU AUX NOIX

4 sandwichs FROID

- 8 tranches de pain de mie
- 4 fromages « crème de roquefort » individuels
- 1 douzaine de cerneaux de noix
- Quelques feuilles de pissenlit (ou une autre salade)

Préparation • 5 minutes
Nettoyez les feuilles de salade. Faites toaster les tranches de pain. Tartinez-les de crème de roquefort, ajoutez quelques cerneaux de noix concassés et des feuilles de salade.
◆ Servez avec un verre de porto vintage.

LE LIBANAIS

4 sandwichs FROID

- 4 tranches de pain pita
- 100 g de pois chiches cuits
- 1/2 citron
- 1 c. à soupe d'huile d'olive...

Préparation • 10 minutes
Dans le bol du mixeur, réunissez les pois chiches, le jus du citron, l'huile d'olive, la gousse d'ail, le cumin et la coriandre. Faites turbiner la machine jusqu'à obtenir une purée lisse. Rectifiez l'assai-

sonnement. Tartinez les pitas de ce mélange.

◆ Dégustez avec un verre de vin rouge léger.

4 sandwichs **FROID**

- 1 gousse d'ail épluchée
- 1 c. à café de cumin en poudre
- 1 c. à café de coriandre
- Sel, poivre

LE PESTO

Préparation • 10 minutes

Faites toaster les tranches de pain. Coupez les tomates en tranches. Mélangez dans un bol le reste des ingrédients. Rectifiez l'assaisonnement. Garnissez vos sandwichs de ce mélange et des tranches de tomate.

◆ Accompagnez d'un verre de vin rouge italien, de type chianti.

4 sandwichs **FROID**

- 8 tranches de pain de mie complet
- 2 c. à soupe de parmesan râpé
- 1 c. à soupe de pesto
- 2 tomates
- 2 c. à soupe de carottes râpées
- Persil ciselé
- Sel, poivre

L'OLIVE-ARACHIDE

4 sandwichs FROID

- 8 tranches de pain complet
- 1 c. à soupe d'olives noires dénoyautées
- 1 c. à soupe de beurre de cacahuète
- 4 feuilles de laitue
- 1 c. à soupe de sauce salade

Préparation • 10 minutes
Faites toaster les tranches de pain. Émincez les feuilles de laitue. Dans le bol du mixeur, rassemblez le reste des ingrédients et faites turbiner. Étalez sur la moitié de vos tranches de pain le mélange précédent. Garnissez de feuilles de laitue et refermez vos sandwichs.

L'AVOCAT-CURRY

4 sandwichs FROID

- 4 tranches de pain naan (du pain indien)
- Quelques tranches de concombre
- 1 avocat bien mûr
- 2 tomates
- 1 c. à café de curry en poudre
- Sel

Préparation • 10 minutes
Plongez vos tomates dans une casserole d'eau bouillante, pendant quelques secondes. Pelez-les, ouvrez-les, épépinez-les et coupez-les en dés. Ouvrez votre avocat en deux. Retirez le noyau et prélevez la chair. Écrasez-la à la fourchette, mélangez bien

avec le curry. Rectifiez l'assaisonnement. Garnissez vos sandwichs de purée d'avocat, de dés de tomate et de tranches de concombre.

LE LENTILLES ORANGES

Préparation • 10 minutes
Cuisson • 30 minutes
Lavez les lentilles et faites-les cuire 30 minutes environ dans une casserole d'eau salée. Pendant ce temps, faites revenir l'oignon dans la margarine. Mixez les lentilles avec la purée de tomate, mélangez avec l'oignon revenu dans la poêle et ajoutez le curry. Rectifiez l'assaisonnement. Tartinez la moitié de vos tranches de pain de ce mélange. Garnissez de rondelles de concombre et refermez les sandwichs.

4 sandwichs **FROID**

- 8 tranches de pain de mie aux céréales
- 125 g de lentilles oranges
- 1 oignon émincé
- 30 g de margarine
- 1 ou 2 c. à café de curry en poudre
- 1 c. à soupe de purée de tomate
- Quelques rondelles de concombre
- Sel

LE FALAFEL

4 sandwichs **FROID**

- 4 pains pita
- 8 feuilles de salade verte émincées
- 4 oignons frais coupés en fines rondelles
- 1 bouquet de coriandre fraîche ciselée
- Sauce crudité

Falafels :

150 g de pois chiches cuits

- 1 c. à soupe de pâte de sésame (tahiné)
- 1 oignon
- Farine
- Huile de friture
- Sel, poivre

Préparation • 15 minutes
Cuisson • 5 minutes

Préparez les falafels : dans le bol du mixeur, réduisez les pois chiches en purée. Dans un saladier, mélangez cette purée avec la pâte de sésame et l'oignon émincé. Rectifiez l'assaisonnement. Formez 8 quenelles, roulez-les dans la farine et faites-les frire dans l'huile chaude. Lorsqu'elles sont bien dorées, retirez-les et égouttez-les.

Préparez la garniture : dans un saladier, rassemblez la salade, la coriandre et les oignons. Ajoutez de la sauce selon votre goût et mélangez bien. Garnissez les pains pita de ce mélange. Déposez deux falafels sur chacun des pains. Roulez les pains et écrasez-les légèrement.

LE TOFU-MAYO

Préparation • 10 minutes
Faites griller les graines de sésame, à sec, dans une poêle à revêtement antiadhésif. Mélangez le reste des ingrédients. Rectifiez l'assaisonnement. Garnissez vos sandwichs de cette préparation. Saupoudrez de graines de sésame grillées avant de les refermer.

4 sandwichs **FROID**

- 8 tranches de pain de mie complet
- 200 g de tofu émietté
- 1 carotte râpée
- Mayonnaise
- 2 c. à soupe de luzerne
- 2 c. à soupe de graines de sésame
- Sel, poivre

LE SALADE MIXTE

Préparation • 10 minutes
Dans un saladier, rassemblez tous les ingrédients. Ajoutez de la mayonnaise suivant votre goût. Mélangez bien. Garnissez vos sandwichs de cette préparation.

4 sandwichs **FROID**

- 4 pains au lait
- Quelques feuilles de laitue émincées
- 1 tomate concassée
- 1/2 concombre en rondelles
- 1 petite boîte de maïs
- 1/2 poivron en dés
- Mayonnaise

LE TOFU-CÉLERI

4 sandwichs **FROID**

- 4 muffins complets
- 100 g de tofu
- 2 c. à soupe d'herbes ciselées (basilic, persil, menthe...)
- 1 branche de céleri
- 1 c. à soupe d'huile d'olive
- 1 c. à café de moutarde douce
- 1 gousse d'ail
- 2 petits oignons frais
- Quelques feuilles de salade
- 1 tomate
- Sel, poivre

Préparation • 10 minutes
Dans le bol du robot culinaire, rassemblez le tofu, les herbes, le céleri, l'huile d'olive, la moutarde, l'ail et les oignons. Mixez et rectifiez l'assaisonnement. Tartinez vos sandwichs de cette préparation, ajoutez les feuilles de salade émincées et la tomate coupée en tranches. Dégustez.

CROC' CHICS

•

LE FOIE GRAS

Préparation • 10 minutes

4 sandwichs **FROID**

- 8 fines tranches d'excellent pain d'épices
- 150 g de foie gras
- 1 à 2 c. à soupe de crème liquide

À la fourchette, et dans une assiette creuse, écrasez le foie gras. Ajoutez la crème liquide petit à petit et mélangez jusqu'à obtenir une consistance homogène et pas trop liquide. Faites toaster vos tranches de pain et tartinez-les de crème, immédiatement.
◆ Dégustez aussitôt avec un verre de vin blanc.

LE COCKTAIL

4 sandwichs **FROID**

- 8 tranches de pain de mie
- 1 avocat
- 100 g de petites crevettes roses décortiquées
- Jus de citron
- 1 c. à soupe de mayonnaise
- 1 c. à café de ketchup
- 1 larme de cognac
- Sel, poivre

Préparation • 15 minutes
Ouvrez en deux l'avocat. Retirez le noyau. Prélevez la chair et découpez-la en lamelles. Arrosez de jus de citron pour éviter qu'elle noircisse. Dans un bol, mélangez la mayonnaise, le ketchup et le cognac. Salez, poivrez. Étalez sur la moitié de vos tranches de pain une couche de sauce. Ajoutez les lamelles d'avocat et les crevettes. Refermez les sandwichs.

◆ Dégustez avec un verre de vin blanc sec.

LE TRUFFÉ

4 tartines **FROID**

- 1/2 baguette de campagne
- 2 ou 3 truffes fraîches (suivant leur...

Préparation • 10 minutes
Coupez la baguette en 4 tartines. Brossez vos truffes délicatement sous un filet d'eau et émincez-les finement. Faites

toaster vos tartines. Garnissez-les immédiatement de tranches de truffe. Arrosez d'huile d'olive, saupoudrez de fleur de sel et donnez un tour de moulin à poivre. Dégustez sans attendre.

4 tartines — **FROID**

... taille)
- Huile d'olive
- Fleur de sel de Guérande
- Poivre du moulin

LE BENEDICT

4 tartines — **CHAUD**

- 4 tranches de pain de mie complet
- 4 œufs
- 4 petites tranches de bacon
- 4 c. à soupe de sauce hollandaise
- 2 c. à soupe de vinaigre
- Sel, poivre

Préparation

Dans une grande casserole, faites bouillir de l'eau salée. Ajoutez le vinaigre et faites pocher les œufs un par un. Retirez-les avec une écumoire et égouttez-les. Dans une poêle à revêtement antiadhésif, faites revenir les tranches de bacon. Dans le même temps, faites chauffer la sauce hollandaise. Faites toaster les tranches de pain. Sur chacune, déposez une tranche de bacon, un œuf poché que vous aurez légèrement ouvert pour libérer le jaune et nappez de sauce hollandaise.

◆ Dégustez chaud.

LE SAUMONÉ

4 tartines **FROID**

- 4 tranches de pain Poilâne
- 150 g de filet de saumon frais
- 50 g de dés de saumon fumé
- 1 c. à soupe bien pleine de beurre salé
- 1 citron

Préparation • 10 minutes
Cuisson • 10 minutes

Faites toaster les tranches de pain. Faites pocher dans l'eau bouillante salée vos filets de saumon frais, pendant 10 minutes environ. Égouttez et laissez refroidir. Émiettez la chair et mixez-la avec le beurre et le jus du citron. Incorporez alors les dés de saumon et rectifiez l'assaisonnement. Tartinez chacune de vos tranches de pain et découpez-les en petites bouchées, plus élégantes à déguster.

◆ Accompagnez avec un verre de vin blanc sec.

L'ASPERGE-CANTAL

4 tartines **CHAUD**

- 4 tranches de pain de mie
- 16 asperges vertes

Préparation • 10 minutes
Cuisson • 20 minutes

Faites cuire les asperges 20 minutes dans une casserole d'eau

4 tartines	CHAUD
...Quelques lichettes de cantal	
• Sel, poivre	

bouillante salée. Égouttez-les. Préchauffez le gril du four. Séparez les têtes (la partie la plus tendre) des queues (faites-en un potage) des asperges et déposez-les sur les tranches de pain. Disposez les lichettes de fromage. Poivrez et enfournez sous le gril du four jusqu'à ce que le fromage fonde. Dégustez chaud.

◆ Accompagnez d'un verre de vin blanc d'Alsace.

LE CAVIAR

4 tartines	CHAUD
• 4 blinis	
• 4 œufs de caille	
• 50 g de caviar	
• 30 g de beurre	
• Sel	

Préparation • 5 minutes
Cuisson • 10 minutes

Préparez les œufs au plat : faites fondre le beurre dans une poêle. Faites-y cuire les œufs de caille « au plat ». Salez si nécessaire. Faites toaster les blinis. Disposez sur chacun d'eux un œuf au plat. Ajoutez le caviar et dégustez chaud.

◆ Accompagnez d'une coupe de champagne.

LE MEURETTE

4 tartines CHAUD

- 4 tranches de pain de campagne
- 4 œufs
- 50 cl de vin rouge
- 50 g de lardons
- 1 oignon
- 1 échalote
- 25 g de farine
- 100 g de beurre
- 1 gousse d'ail
- Persil
- Thym
- Sel, poivre

Préparation • 15 minutes
Cuisson • 50 minutes

Versez le vin rouge dans une casserole et faites-le chauffer à feu doux. Lorsqu'il commence à frémir, faites-y pocher vos œufs. Égouttez-les et réservez-les au chaud. Mélangez la moitié du beurre et la farine pour réaliser un « beurre manié ». Dans le vin rouge, ajoutez l'oignon et l'échalote émincés, et le thym. Salez et poivrez. Portez à ébullition et faites mijoter jusqu'à ce que le liquide ait réduit de moitié. Ajoutez alors le beurre manié en battant au fouet, puis ajoutez le reste de beurre. Faites revenir les lardons dans une poêle. Pendant ce temps, faites toaster le pain et frottez-le à l'ail. Déposez vos œufs sur les tranches de pain, ajoutez les lardons et nappez de sauce.

◆ Dégustez chaud avec un verre de bourgogne rouge.

CROC' À L'ITALIENNE

•

LE PARME

4 sandwichs	FROID
• 1 baguette • 12 fines tranches de jambon de Parme • 2 tomates • 16 fines tranches de mozzarella • 1 bouquet de basilic ciselé • Huile d'olive • Sel, poivre	

Préparation • 10 minutes
Découpez la baguette en 4 morceaux. Ouvrez-les. Plongez les tomates quelques secondes dans de l'eau bouillante. Égouttez-les et pelez-les. Ouvrez-les, épépinez-les et concassez-les. Dans un saladier, rassemblez les tomates concassées et le basilic ciselé. Arrosez d'un filet d'huile d'olive, salez et poivrez. Déposez sur la moitié des tranches de pain une couche de ce mélange. Garnissez de tranches de jambon et de mozzarella. Refermez les sandwichs avant de déguster.

◆Accompagnez d'un verre de vin rouge italien.

LE COPPA

4 sandwichs **FROID**

- 4 ciabattas
- 12 tranches de coppa
- 2 tomates
- 50 g de parmesan entier
- Sel, poivre

Préparation • 10 minutes

Ouvrez en deux vos morceaux de pain. Lavez les tomates et coupez-les en rondelles. Salez-les et poivrez-les. À l'aide d'un couteau économe, « épluchez » des copeaux de parmesan. Garnissez l'intérieur de vos sandwichs de coppa, de tomate et de parmesan.

◆ Dégustez avec un verre de vin rouge italien.

LE CARPACCIO DE THON

4 tartines **FROID**

- 1/2 baguette
- 8 fines tranches de thon
- 1 branche de basilic
- Huile d'olive
- Jus de citron
- Baies roses
- Sel, poivre

Marinade • 2 heures
Préparation • 10 minutes

Deux heures avant, dans une assiette creuse, déposez vos tranches de thon et recouvrez d'huile d'olive. Assaisonnez et ajoutez quelques gouttes de jus de citron, du basilic ciselé et des baies roses concassées.

Recouvrez l'assiette de film alimentaire et faites mariner au frais pendant 2 heures environ. Égouttez les tranches de thon. Découpez la baguette en 4 tartines. Imbibez-les d'un peu de la marinade et garnissez-les de tranches de thon.
◆ Dégustez avec un verre de vin blanc sec.

LE CARPACCIO

4 sandwichs FROID

- 4 ciabattinas (petits pains italiens)
- 12 petites tranches de carpaccio de bœuf marinées
- Huile d'olive
- 1 gousse d'ail
- Origan séché
- Sel, poivre

Préparation • 10 minutes
Ouvrez en deux vos petits pains, frottez-les d'ail et imbibez-les de quelques gouttes d'huile d'olive. Égouttez le carpaccio. Garnissez vos sandwichs de 3 tranches de carpaccio de bœuf, saupoudrez d'origan et assaisonnez.
◆ Servez avec un verre de vin rouge italien.

Infoplus Achetez vos tranches de bœuf marinées au rayon frais des supermarchés ou dans certaines épiceries italiennes.

LE MILANESE

4 sandwichs **CHAUD**

- 4 pains hamburger
- 4 feuilles de laitue
- Sel, poivre
- Moutarde
- Mayonnaise

Pour les escalopes :

- 50 g de farine
- 4 escalopes de veau (choisissez-les plutôt petites : elles doivent tenir dans un pain hamburger)
- 3 branches de persil ciselé
- 3 œufs
- 50 g de parmesan râpé
- 100 g de chapelure
- 2 c à soupe d'huile d'olive
- 20 g de beurre

Pour la garniture :

- 2 gros champignons de Paris,...

Préparation • 20 minutes
Cuisson • 15 minutes

Préchauffez votre four à 180 °C (th. 6). Préparez la garniture : retirez les pieds terreux des champignons, nettoyez-les en les frottant avec un linge humide et coupez-les en morceaux. Dans une poêle et dans du beurre, faites revenir les champignons et le jambon coupé en dés. Assaisonnez, puis ajoutez le concentré de tomate et le madère. Prolongez la cuisson 2 minutes encore. Laissez cuire la sauce quelques minutes et ajoutez le madère. Roulez les escalopes dans la farine puis secouez-les pour en éliminer l'excédent. Dans une assiette creuse, battez les œufs à la fourchette avec le parmesan et le persil. Salez et poivrez. Faites

4 sandwichs	CHAUD
... 2 tranches épaisses de jambon cuit • 1 c. à soupe de concentré de tomate • 1 c. à café de madère 10 g de beurre	

fondre le beurre dans une grande poêle, ajoutez l'huile d'olive. Passez les escalopes farinées dans le mélange à base d'œufs, puis dans une assiette creuse contenant la chapelure. Faites-les cuire dans la poêle, en les retournant pour bien dorer les deux côtés. Glissez au four vos pains hamburger pour les réchauffer. Garnissez-les alors de mayonnaise ou de moutarde, de feuilles de laitue, d'une escalope panée et de garniture jambon-champignons.

◆ Dégustez chaud avec un verre de vin rouge léger.

LE GORGONZOLA

4 sandwichs CHAUD

- 4 pains à panini
- 200 g de gorgonzola
- 10 cl de crème fraîche liquide
- 1 douzaine de cerneaux de noix concassés

Préparation • 10 minutes
Cuisson • 5 minutes

Dans une assiette creuse, et à la fourchette, écrasez le gorgonzola. Ajoutez la crème liquide et mélangez bien. Ouvrez vos panini, tartinez-les de crème de gorgonzola et ajoutez les cerneaux de noix concassés. Refermez et glissez dans le gril électrique jusqu'à ce que le fromage soit fondant.

◆ Dégustez avec un verre de banyuls.

Conseil Si vous n'avez pas sous la main de pains panini, remplacez-les par de la baguette (la moins cuite possible) ou déclinez cette recette en croque-monsieur, avec du pain de mie.

LE 4 FROMAGES

4 sandwichs	CHAUD
• 4 pains à panini • 75 g de gorgonzola • 12 tranches de mozzarella • 1 c. à soupe de parmesan râpé • 1 c. à soupe de mascarpone • Poivre	

Préparation • 10 minutes
Cuisson • 5 minutes
Dans une assiette creuse, mélangez le gorgonzola, le mascarpone et le parmesan. Poivrez. Tartinez vos pains de ce mélange. Ajoutez 3 tranches de mozzarella par sandwich et glissez-les dans le gril électrique, jusqu'à ce que les fromages soient fondus.
◆ Dégustez avec un verre de vin rouge.

Conseil Si vous n'avez pas sous la main de pains panini, remplacez-les par de la baguette (la moins cuite possible) ou déclinez cette recette en croque-monsieur, avec du pain de mie.

LE BOLOGNESE

4 sandwichs **CHAUD**

- 4 pains panini
- 100 g de chair à saucisse
- 100 g de bœuf haché
- 1/2 branche de céleri
- 1 gousse d'ail
- 1 oignon
- 1 gros champignon de Paris
- 1 c. à soupe d'huile d'olive
- 10 cl de vin rouge
- 4 tomates
- 1 c. à soupe de parmesan
- 1 c. à soupe de farine
- Sel, poivre
- Thym
- Basilic ciselé

Préparation • 10 minutes
Cuisson • 45 minutes
Matériel recommandé • un gril électrique à deux faces pour bien presser les sandwichs.

Faites revenir les viandes, l'ail hâché et l'oignon émincé dans un faitout et dans l'huile d'olive. Comptez 5 minutes de cuisson. Pendant ce temps, coupez le pied terreux du champignon et nettoyez-le avec un linge humide. Coupez-le en morceaux. Émincez finement la branche de céleri. Ajoutez-les à la viande. Prolongez la cuisson 5 minutes encore, en remuant à l'aide d'une cuillère en bois, puis versez le vin. Laissez cuire sans couvercle à feu doux en remuant de temps en temps jusqu'à ce que le vin soit évaporé. Pendant ce temps, plongez les tomates quelques secondes dans l'eau bouillante. Rafraîchissez-les, pelez-les, ouvrez-les, épépinez-les et concassez-les. Lorsque le vin s'est évaporé, saupoudrez de farine la préparation à la viande. Mélangez bien, puis ajoutez la chair des tomates, le thym et le basilic. Rectifiez l'assaisonnement. Couvrez le faitout et faites mijoter 30 minutes jusqu'à ce que les tomates soient fondues. Si la préparation est trop liquide, retirez le couvercle et prolongez la cuisson pour laisser au jus le temps de s'évaporer. Laissez tiédir, ajoutez le parmesan et rectifiez l'assaisonnement. Farcissez vos panini de cette préparation. Faites-les griller quelques minutes dans le gril électrique. ◆ Dégustez avec un verre de vin rouge.

Conseil Si vous n'avez pas sous la main de pains panini, remplacez-les par de la baguette (la moins cuite possible) ou déclinez cette recette en croque-monsieur, avec du pain de mie.

LE CROQUE-PEPPERONI

4 tartines CHAUD

- 4 tartines de pain Poilâne
- 1 pepperoni (saucisse sèche italienne) coupé en tranches
- 4 tomates
- 1 branche de basilic ciselé
- 16 tranches de mozzarella
- Huile piquante
- Sel, poivre

Préparation • 10 minutes
Cuisson • 15 minutes

Préchauffez le four à 180 °C (th. 6). Ébouillantez les tomates quelques minutes. Égouttez-les, pelez-les, épépinez-les et concassez la chair. Mélangez-la au basilic ciselé. Déposez une couche de ce mélange sur chacune de vos tranches de pain. Ajoutez la mozarella et les tranches de pepperoni. Salez et poivrez. Enfournez et attendez que le fromage soit totalement fondu. Dégustez avec de l'huile piquante.

◆ Dégustez avec un verre de vin rouge puissant.

Infoplus Le Pepperoni est une saucisse sèche italienne plus ou moins épicé, fait de porc et de bœuf grossièrement hachés et assaisonnés de poivre et d'épices.

LE CROQUE-REGINA

4 tartines	CHAUD
• 4 tranches de pain Poilâne • 4 tomates • 2 champignons de Paris • 1 oignon • 4 tranches de jambon cru • 12 olives • 16 tranches de mozzarella • 1 c. à soupe d'origan • 1 c. à soupe d'huile d'olive • Huile piquante • Sel, poivre	

Préparation • 10 minutes
Cuisson • 30 minutes

Préchauffez le four à 180 °C (th. 6). Plongez les tomates quelques secondes dans une casserole d'eau bouillante. Rafraîchissez-les et pelez-les. Ouvrez-les en deux, épépinez-les et concassez-les. Épluchez et émincez l'oignon. Faites revenir l'oignon et les tomates dans un faitout et dans l'huile d'olive. Salez et poivrez. Laissez fondre doucement en remuant de temps en temps, pendant 15 minutes environ. En fin de cuisson, ajoutez l'origan. Coupez les pieds terreux des champignons et nettoyez-les en les frottant avec un linge humide. Coupez-les en fines lamelles. Étalez sur les tranches de pain une couche de purée de tomate. Garnissez de mozarella, de champignons, de jambon et d'olives. Salez et poivrez. Enfournez quelques minutes jusqu'à ce que le fromage ait totalement fondu. Dégustez avec un filet d'huile piquante.

◆ Accompagnez d'un verre de vin rosé.

LE CROQUE-MARGHARITA

4 tartines CHAUD

- 4 tranches de pain Poilâne
- 6 tomates pelées et concassées
- 16 tranches de mozzarella
- 1 c. à soupe de parmesan râpé
- Origan
- Huile d'olive
- Sel, poivre

Préparation • 10 minutes
Cuisson • 25 minutes

Préchauffez le four à 180 °C (th. 6). Faites revenir les tomates une dizaine de minutes, dans un faitout et dans de l'huile d'olive. Ajoutez le parmesan et l'origan. Salez et poivrez. Égouttez-les s'il reste trop de jus. Sur chacune de vos tartines, étalez une couche de purée de tomate. Ajoutez les tranches de mozzarella. Rectifiez l'assaisonnement et versez un filet d'huile avant d'enfourner. Comptez entre 10 et 15 minutes de cuisson. Le fromage doit être totalement fondu.

◆ Dégustez avec un verre de rosé.

CROC' FORME

•

LE CRABE

Préparation • 10 minutes
Lavez la peau du concombre. Émincez-le en fines tranches. Rassemblez dans une assiette creuse les tranches de concombre et la chair de crabe. Arrosez de sauce de soja et du jus du citron vert. Poivrez. Mélangez bien. Garnissez vos sandwichs de cette préparation. Dégustez.

4 sandwichs **FROID**

- 8 tranches de pain de mie complet
- 1/2 concombre
- 2 c. à soupe de chair de crabe émiettée (ou de miettes de surimi)
- Sauce de soja
- 1 citron vert
- Poivre

LE POULET

4 sandwichs **FROID**

- 8 tranches de pain de mie aux céréales
- 2 escalopes de poulet
- Graines de sésame
- 4 tomates
- 1 branche de basilic
- Sel, poivre

Préparation • 10 minutes
Cuisson • 10 minutes

Découpez vos escalopes en fines lamelles. Salez-les, poivrez-les et faites-les revenir à sec dans une poêle à revêtement antiadhésif, jusqu'à ce que les morceaux soient bien dorés. Pendant ce temps, ébouillantez les tomates. Pelez-les, ouvrez-les, épépinez-les et concassez-les. Rassemblez-les dans un saladier avec le basilic ciselé et les graines de sésame. Salez, poivrez et mélangez bien. Faites toaster vos tranches de pain et garnissez-les de purée de tomate et de poulet.

LE CONCOMBRE

4 sandwichs **FROID**

- 4 pains pita
- 1/2 concombre
- 2 yaourts veloutés...

Préparation • 10 minutes
Cuisson • 10 minutes

Découpez en fines lamelles les escalopes de dinde. Salez-les et poivrez-les. Faites-les revenir à sec dans une poêle antiadhésive jusqu'à ce que les morceaux soient bien dorés. Pendant ce temps, épluchez le concombre et râpez-le. Dans un saladier, rassemblez le concombre râpé, les yaourts et la menthe ciselée. Salez et poivrez. Tartinez vos pitas de cette préparation, ajoutez la viande et roulez-les.

4 sandwichs FROID

... 2 escalopes de dinde
- 1 bouquet de menthe
- Sel, poivre

LE ROSBIF

Préparation • 10 minutes
Découpez la baguette en 4 sandwichs. Découpez les tomates en tranches fines, puis chaque tranche en 2. Salez et poivrez. Lavez la peau du concombre et coupez-le en tranches. Salez et poivrez. Étalez une couche de moutarde douce sur le pain, ajoutez la viande, le concombre et les tomates. Dégustez.

4 sandwichs FROID

- 1 baguette de campagne
- 8 tranches de rosbif bien fines
- 2 tomates
- 1/2 concombre
- Moutarde douce
- Sel, poivre

LE TOMATE

4 sandwichs **FROID**

- 4 muffins anglais
- 100 g de fromage frais de type Saint-Morêt
- 3 tomates
- Vinaigre balsamique
- Thym
- Sel, poivre

Préparation • 10 minutes
Cuisson • 2 heures

Préchauffez le four à 100 °C (th. 3-4). Préparez les chips de tomate : découpez 4 fines tranches de tomate de 3 mm d'épaisseur. Déposez-les sur la plaque du four recouverte de papier cuisson et saupoudrez de thym. Enfournez pendant 2 heures environ. Pendant ce temps, ouvrez le reste de tomates, épépinez-les et concassez-les. Saupoudrez de thym émietté. Versez un filet de vinaigre. Salez et poivrez. Ouvrez les muffins, étalez une couche de fromage, un peu de tomates concassées et une chips de tomate. Refermez le sandwich et dégustez.

L'EMBROUILLÉE

4 tartines CHAUD

- 4 tranches de pain de campagne
- 8 œufs
- 2 tomates pelées et concassées
- 2 c. à soupe de petits pois cuits
- 8 tranches de viande des grisons
- Sel, poivre

Préparation • 10 minutes
Cuisson • 10 minutes

Cassez les œufs dans un saladier. Battez-les en omelette. Salez et poivrez. Dans une poêle à revêtement antiadhésif, faites chauffer doucement les tomates concassées. Au bout de 5 minutes, versez les œufs et les petits pois. Faites cuire doucement en mélangeant à la cuillère en bois. Comptez 5 minutes de cuisson à nouveau. Faites toaster les tranches de pain. Déposez sur chacune d'elles deux tranches de viande des grisons et une couche d'œufs brouillés. Dégustez chaud.

HAMBURGER PLEINE FORME

4 sandwichs CHAUD

- 4 muffins anglais complets
- 200 g de viande de bœuf hachée
- 2 champignons de Paris
- 2 oignons frais
- 1 tomate pelée et concassée
- 1 c. à soupe de pignons de pin
- 4 feuilles de laitue
- Sel, poivre
- Moutarde

Préparation • 10 minutes
Cuisson • 10 minutes

Retirez les pieds terreux des champignons. Nettoyez-les en les frottant avec un linge humide et coupez-les en petits morceaux. Épluchez les oignons et émincez-les. Dans un saladier, rassemblez la viande hachée, les champignons, les oignons, la tomate concassée et les pignons de pin. Salez, poivrez et mélangez bien. Façonnez 4 boules de viande. Aplatissez-les pour former les hamburgers et faites-les cuire à sec dans une poêle à revêtement antiadhésif. Ouvrez les muffins et faites-les toaster. Garnissez-les de viande, d'une feuille de laitue et de moutarde. Dégustez chaud.

CROC' SUCRÉS

•

LE VIENNOIS

Préparation • 10 minutes
Cuisson • 10 minutes

Découpez 4 tartines dans votre demi-baguette. Étalez une couche de confiture de lait. Saupoudrez de sucre roux et faites-les gratiner sous le gril du four pendant quelques minutes.

4 tartines CHAUD

- 1/2 baguette viennoise
- 2 c. à soupe bombées de confiture de lait
- Sucre roux

LE FRAISIER

4 sandwichs FROID

- 4 pains au lait
- 12 fraises

Crème pâtissière :

- 40 g de sucre
- 20 g de farine
- 3 jaunes d'œufs
- 1/2 gousse de vanille
- 20 cl de lait

Préparation • 15 minutes
Cuisson • 10 minutes

Préparez la crème pâtissière : versez le lait dans une casserole, ouvrez la gousse de vanille, grattez l'intérieur avec la lame d'un couteau et faites tomber les graines dans la casserole. Déposez la gousse grattée dans la casserole également. Portez à ébullition. Rassemblez dans un saladier les jaunes d'œufs et le sucre. Fouettez jusqu'à ce que le mélange blanchisse. Incorporez alors la farine à ce mélange. Dès le début de l'ébullition, versez le lait en une seule fois dans le saladier, en mélangeant bien avec le fouet. Transvasez alors le tout dans la casserole et faites cuire à feu doux pendant 5 minutes environ, tout en continuant de mélanger. Lorsque la crème est bien épaisse, retirez-la du feu et laissez-la refroidir. Ouvrez en deux les pains au lait, tartinez-les de crème pâtissière et garnissez-les de fraises émincées. Refermez les sandwichs avant de déguster.

◆ Accompagnez d'un verre de champagne demi-sec.

L'ITALIEN

Préparation • 10 minutes

Portez une casserole d'eau à ébullition. Versez l'eau sur le thé dans un saladier. Faites-y « gonfler » les abricots pendant 30 minutes environ. Faites toaster vos tranches de panettone. Sucrez le mascarpone selon votre goût. Égouttez les abricots et concassez-les. Mélangez-les au mascarpone. Tartinez les tranches de panettone de ce mélange.

◆ Dégustez avec un verre d'asti spumante, vin pétillant d'Italie

4 tartines **FROID**

- 4 tranches de pain Poilâne
- 4 à 8 sardines fraîches suivant leur grosseur
- Fleur de sel de Guérande
- Beurre salé
- Poivre

LE FRUITS SECS

4 sandwichs **FROID**

- 4 croissants ordinaires
- 50 g de beurre
- 2 c. à soupe de miel
- 1 c. à café de noisettes entières
- 1 c. à café d'amandes entières
- 1 c. à café de raisins secs

Préparation • 10 minutes
Dans le bol du mixeur, rassemblez le beurre et le miel. Faites turbiner jusqu'à obtenir un mélange onctueux. Ajoutez alors les fruits secs et mixez quelques secondes seulement : les fruits secs doivent être simplement concassés, et non pas réduits en poudre. Ouvrez les croissants, tartinez-les du mélange au miel et refermez avant de déguster.

LE CROQUE-BANANE

4 sandwichs	CHAUD
• 8 tranches de pain de mie • 2 bananes bien mûre • 100 g de chocolat au lait • Beurre	

Préparation • 10 minutes
Cuisson • 20 minutes
Matériel recommandé • un appareil à croque-monsieur

Faites fondre le chocolat dans une casserole posée sur feu très doux. Dans une autre casserole, faites cuire à couvert, les bananes coupées en rondelles. Hors du feu, rassemblez le chocolat fondu et la compote de banane. Mélangez bien. Étalez une couche de ce mélange sur la moitié de vos tranches de pain, refermez les sandwichs. Beurrez dessus et dessous et glissez-les dans l'appareil à croque-monsieur. Faites chauffer jusqu'à ce que les deux faces soient dorées.

LE POMME-CANNELLE

4 sandwichs CHAUD

- 4 pains au raisins
- 2 pommes golden
- 1 pincée de cannelle
- 1 pincée de sucre

Préparation • 10 minutes
Cuisson • 30 minutes

Épluchez les pommes, ouvrez-les, retirez le trognon et coupez-les en petits morceaux. Rassemblez dans une casserole les pommes, le sucre et la cannelle. Faites doucement compoter à couvert. Ouvrez les pains aux raisins en deux. Tartinez-les de compote de pomme, refermez et glissez dans le gril électrique. Comptez quelques minutes de cuisson, le temps de réchauffer les pains aux raisins. Dégustez chaud.

LE NUTELLA

4 tartines CHAUD

- 4 tranches de panettone
- 4 c. à soupe de Nutella
- 2 poires
- Amandes effilées

Préparation • 10 minutes
Cuisson • 10 minutes

Épluchez les poires, ouvrez-les et retirez le trognon. Émincez-les en fines tranches. Tartinez vos tranches de panettone de Nutella. Déposez dessus les tranches de poire et garnissez d'amandes effilées. Passez le tout sous le gril du four pendant quelques minutes.

LE BRIOCHÉ

4 tartines CHAUD

- 4 tranches de pain brioché
- 2 pommes golden
- 30 g de beurre
- Extrait de vanille
- Sucre

Préparation • 10 minutes
Cuisson • 25 minutes
Pelez les pommes, retirez le trognon et coupez-les en tranches fines. Faites fondre le beurre dans une poêle et faites-y revenir les tranches de pomme avec quelques gouttes d'extrait de vanille pendant 15 minutes environ. Elles doivent être bien dorées. Garnissez les tartines de tranches de pomme, saupoudrez de sucre et glissez sous le gril du four pendant quelques minutes.

LE FRUITS ROUGES

4 sandwichs FROID

- 4 pains au lait
- Crème Chantilly
- 4 fraises
- 1 douzaine de framboises
- 1 douzaine de groseilles

Préparation • 10 minutes
Ouvrez les pains au lait et faites-les toaster. Lavez les fraises, équeutez-les et coupez-les en tranches. Lavez les framboises et les groseilles. Égrappez ces dernières. Éta-

lez une couche de crème Chantilly sur la moitié des tranches de pain. Garnissez de fruits rouges et refermez les sandwichs.

L'ÉPICÉ

4 sandwichs	CHAUD
• 4 tranches de pain d'épices acheté chez le boulanger • 2 pommes golden • 1 pincée de gingembre moulu • 1 pincée de cannelle • Sucre • Beurre	

Préparation • 10 minutes
Cuisson • 20 minutes

Épluchez les pommes, retirez le trognon et coupez-les en morceaux. Faites revenir ces morceaux dans du beurre et dans une poêle avec le sucre, le gingembre et la cannelle. Couvrez et comptez 20 minutes de cuisson. Remuez de temps en temps. Faites toaster les tranches de pain d'épices et garnissez-les de compote au gingembre.

LE PAIN PERDU

4 tartines CHAUD

- 4 tranches de pain de campagne rassis
- 3 œufs
- 30 cl de lait
- 1 sachet de sucre vanillé
- Beurre

Préparation • 10 minutes
Cuisson • 10 minutes
Faites fondre un peu de beurre dans une poêle. Dans un saladier, mélangez les œufs, le lait et le sucre vanillé. Trempez-y les tranches de pain et faites-les dorer dans la poêle 3 minutes de chaque côté.

LE PEANUT BUTTER

4 sandwichs FROID

- 8 tranches de pain de mie
- 2 c. à soupe de beurre de cacahuète
- 1 c. à café de raisins secs
- 4 dattes dénoyautées
- 1 banane sèche

Préparation • 10 minutes
Dans le bol du mixeur, rassemblez tous les éléments, sauf le pain. Faites turbiner quelques secondes et tartinez vos sandwichs de ce mélange.

LE DATTE AUX NOIX

Préparation • 10 minutes
Rassemblez dans le bol du robot les dattes et les cerneaux de noix. Mixez. Ajoutez le jus du citron vert petit à petit jusqu'à obtenir une consistance onctueuse.
N'en mettez pas trop : la préparation doit être juste assez liquide pour être tartinée. Ouvrez les muffins en deux. Faites-les toaster et garnissez-les de la préparation précédente.

4 sandwichs **FROID**

- 4 muffins anglais
- 16 dattes dénoyautées
- 1 douzaine de cerneaux de noix
- 1 citron vert

L'ÉRABLE

Préparation • 10 minutes
Étalez une couche de sirop d'érable sur la moitié des tranches de pain. Garnissez-les de fruits secs concassés et refermez les sandwichs.

4 sandwichs **FROID**

- 8 tranches de pain de mie aux céréales
- 3 c. à soupe de sirop d'érable
- 3 c. à soupe de fruits secs concassés (noix, amandes, noisettes, mais également abricots secs, raisins sec, etc.)

CROC' GLACÉS

•

LE PETIT-BEURRE

4 sandwichs **FROID**

- 8 petit-beurre
- 8 quenelles de glace (parfums au choix) légèrement molle

Préparation • 5 minutes

Disposez entre chaque biscuit une quenelle de glace. Aplatissez légèrement de façon à obtenir une couche de glace uniforme. Au couteau, coupez ce qui dépasse. Dégustez.

LE CIGARE

4 cigares **FROID**

- 4 cigarettes russes
- 2 c. à soupe de glace légèrement molle (parfum au choix)

Préparation • 5 minutes
Matériel recommandé • une poche à douille

Placez la glace dans la poche munie d'une douille au diamètre légèrement inférieur à celui des cigarettes. En faisant attention à ne pas casser le biscuit, garnissez chacune d'elles de glace.

INDEX

•

CROC' MÉDITERRANÉE

CROC' MARINS

CROC' À L'ANGLAISE

CROC' MONTAGNE

CROC' TERROIR

CROC' ETHNIQUES

CROC' YANKEE

CROC' VÉGÉTARIENS

CROC' CHICS